초·중·고·일반인의 독서능력 개발에서 논술까지 전과목을 완성하는

정속독 응용학습 1단계

유병진 저

사단법인 한국능력교육개발원
한국정속독연구회
도서출판 지능교육
www.borambook.co.kr

▶ 책머리에 ◀

21세기는 정보화 사회다. 가까운 미래에 인간 지능은 물론 감정까지도 표현할 수 있는 컴퓨터가 출현할 것으로 본다.

우리가 이렇게 상상할 수 있는 것은 실제 생활로 이끌어지는 21세기의 우리는 지금보다 상당히 빠른 변화 속에서 수많은 정보를 접하지 않을 수 없다.

홍수처럼 몰려오는 정보를 우리는 어떻게 습득, 이해, 기억하여야 하는가?

21세기의 변화무쌍한 정보를 습득하고, 이해하고, 활용하기 위해서는 많은 정보를 처리하는 능력을 배양하는 길뿐이다.

그 길을 우리가 가려면 정속독(정독 + 속독)을 익혀야 할 필요가 절대적이라고 생각한다. 그래서 저자는 정보를 습득, 기억, 활용할 수 있도록 정속독법을 개발하여 여러분들이 직접 활용할 수 있도록 연구하여 분배하려고 한다.

많은 사람들이 이 방법을 습득하여 21세기에 대처하고 앞서가는 인재가 되고, 자신이 원하는 모든 정보를 습득하여 여러분의 필요(학습, 사업, 연구 등)에 따라 활용할 수 있는 밑거름이 될 것을 확신한다.

또한 훈련서 1, 2권을 연습하면서 정속독 완성을 위해 매일 독서를 한 후에 지문 기억 및 이해도 측정을 하여 발전능력을 확인하여 학생 스스로 자신감을 가질 수 있도록 이 책을 활용하기 바란다.

차 례

책머리에	2
차례	3
제 1 장 - 독서훈련	
여우와 당나귀	6
고양이 와 쥐	13
북두칠성이된 형제들	20
재롱부린 당나귀	27
견우와 직녀	33
춤추는 빨간우산	40
파랑새	47
민들레 나물	54
빨강머리앤	61
닐스의 모험	68
엄마찾아 삼만리	76
빨간구슬 파란구슬	84

제 2 장 - 교과서 적용훈련	
<국어>	
코스모스핀 언덕	93
동시의 이해	99
에너지를 아껴 쓰자	104
<사회>	
가정생활	109
가정의 살림살이	114
취미와 여가생활	119
<실과>	
학용품 고르기와 관리하기	124
과일 다루기	129
바느질 하기	134
<도덕>	
건강한생활	139
우리 학교	143
바른 회의 태도	147
<과학>	
그림자 관찰하기	151
빗물은 어디로 가는가	156
여러가지물질	161

제 1 장 독서 훈련

독서 훈련 과정은 지문기억도 및 이해도를 향상시키는 과정으로서 정속독 교육 1개월 후부터 매시간 마지막 5분 동안에 읽고 검사하는 과정입니다.
각 학년별로 읽어야 할 책을 정선하여 그 중에 좋은 부분만을 압축하여 책에 실었습니다. 처음에는 3독 후 지문기억 및 이해도 검사를 하고 다음에는 2독 또는 1독 후 검사를 합니다. 독서 이해도 능력이 70%를 못 미치는 학생은 1독 또는 2독을 더 읽고 다시 검사를 합니다.

당신은 어떤 그림을 완성할 수 있나요?

아래의 네모상자 안에 있는 선과 점 등의 도형 형태를 사용하여 각각의 테두리 안에 그림을 자유롭게 그려봅니다. 물론 그림 솜씨를 보기 위한 것이 아니기 때문에 마음을 편안히 가지고 여러분의 상상력을 펼쳐보세요

(제한시간 10분)

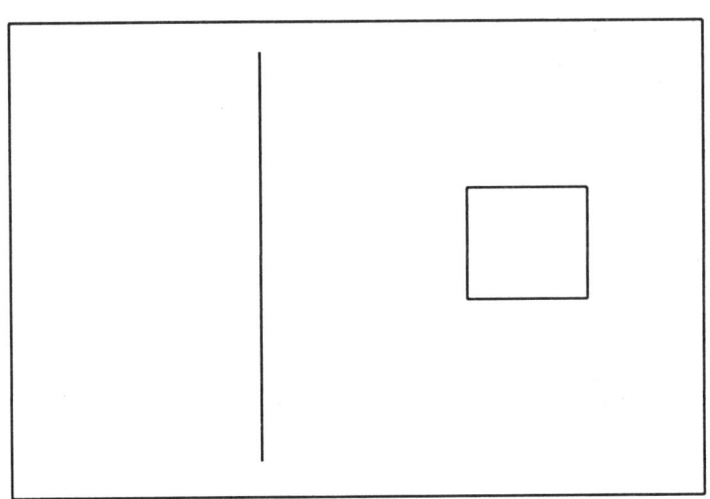

여우와 당나귀

어느 날 **여우** 한 마리가 들판을 걸어가고 있었습니다. 그러다가 발을 헛디뎌 깊은 **우물**에 **빠졌습니다.**
"으아악, 여우 살려!"
'풍덩!'
여우는 우물 속에 빠져서 목까지 차는 물 때문에 허우적거리면서 생각했습니다.
'**어디로 빠져나가지**? 어떻게든지 여기를 나가야 살텐데…….'
다급한 여우는 우물을 빠져나갈 곳을 찾느라 정신이 없었습니다. 하지만 아무리 살펴봐도 우물을 빠져나갈 만한 곳이 보이지 않았습니다.
"아이구, 이젠 다 틀렸구나. 여기서 이대로 굶어 죽을 수밖에 없구나."
낙망한 여우는 한숨을 푹푹 내쉬었습니다.
"……이렇게 우물 속에서 죽게 되다니…… 아이구, 원통해 못살겠네!"
여우는 물 속에 잠긴 채 목만 물 밖으로 내놓고 하늘을 쳐다보며 **넋두리**를 해댔습니다.
그 때 마침 **당나귀** 한 마리가 그 옆을 **지나가게** 되었습니다.
당나귀의 발자국 소리를 듣고 여우가 소리쳐 불렀습니

다.

"어이! 밖에 지나가는 게 누구인가?"

"아니, 웬 소리지? 우물 속에서 나는 것 같은데?"

당나귀는 소리난 쪽으로 걸어가 우물 속을 들여다보았습니다.

"아니, 자네는 여우 아닌가? 그 곳에 들어가 무얼 하고 있나?"

당나귀가 **이상한 눈빛**으로 물었습니다.

"날이 하도 더워서 여기 들어와 **목욕**을 하고 있는 중일세. 어이 시원해!"

여우는 얼른 둘러대며 일부러 머리까지 물 속에 넣었다 뺐습니다. 그리고는 무척 시원하다는 표정을 지었습니다.

"하긴 물 속이라 꽤 시원하겠군 그래."

당나귀가 한 발 더 우물가로 다가서 안을 들여다보며 부드러운 말씨로 말을 건넸습니다.

그런 당나귀를 보고 여우는 얼른 **기발한 생각**을 했습니다.

'옳지! 저 **어리석은 당나귀**를 이용해서 여기를 빠져나가자.'

여우는 시치미를 딱 떼고 말했습니다.

"나는 이제껏 이렇게 **아늑한 곳**에 들어와 본 적이 없다네. 당나귀, 자네도 한번 **들어와 보게**."

여우의 말을 듣고 당나귀가 물었습니다.

"물맛도 좋은가?"

"아, 좋다 마다 지. 차고 맑은 게 물맛이 이렇게 좋은 데는 아마 없을 걸세."

여우가 혓바닥으로 물을 할짝거리며 대답했습니다.

"그래? **물맛**이 그렇게나 **좋아**?"

당나귀는 여우가 물을 맛있게 먹는 것을 보고 **입맛이 당겼습니다.**

"자네도 내려와서 한번 맛을 보게나. 얼마나 맛이 있는지는 직접 맛을 봐야 할 것 아닌가?"

"그렇다면 내려가지."

당나귀는 마침 **갈증**이 일던 때라 앞 뒤 생각도 않고 다짜고짜 첨벙 우물로 **뛰어들었습니다.**

과연 여우의 말대로 물은 시원했습니다.

"자네가 얘기한 대로 물맛이 좋구먼 그래, 허허허."

당나귀는 벌컥벌컥 물을 양껏 들이켰습니다. 한참 먹고 나니 배가 불룩해졌습니다.

"자네, 물을 다 마셨으니 한 가지 물어 보겠네."

"그게 뭔데?"

여우의 심각한 말에 당나귀가 긴장하면서 되물었습니다.

"자네는 이 우물에서 어떻게 **빠져나갈 생각**인가?"

"글쎄? 정말 어떻게 해야 할지 모르겠군. 그럼, 자네는 어떻게 하려나?"

당나귀는 여우의 말을 듣고 무척 **당황하는 빛**을 보였습니다.

그러자 여우가 기다렸다는 듯이 점잖게 말했습니다.

"나는 자네가 들어올 때부터 그걸 생각했다네. 나야 몸이 날래니까 어떻게든 나가겠지만 둔한 자네가 문제라서, 당나귀, 이렇게 하면 어떨까?"

"어떻게?"

당나귀가 여우의 입 가까이 귀를 갖다 대며 물었습니다.

"자네는 나보다는 키가 크니 두 발을 쭉 뻗어 이 우물 벽에다 짚고 있게. 그러면 내가 자네 등을 타고 **밖으로 나가** 그 다음에 자네를 **도와주겠네**. 그렇게 하면 우리 둘이 **힘을 합쳐** 이 우물을 빠져나갈 수가 있지."

"그거 좋은 의견이군 그래. 그럼 그렇게 하세."

당나귀는 앞발을 쭉 뻗어 우물 벽에 댔습니다.

그러자 여우는 환한 웃음을 웃으면서 당나귀의 등을 타고 무사히 밖으로 나갔습니다.

그리고는 당나귀를 언제 꺼내 주기로 했냐는 듯이 **휘파람**을 불며 **사라지려고** 했습니다.

"여보게, 여우! 여보게, 여우!"

당나귀가 다급하게 불렀습니다.

"왜 그러나, 당나귀?"

"자네 혼자 그냥 가면 어쩌나? 나를 구해 줘야 할 것 아닌가?"

당나귀는 몹시 당황한 목소리로 따지듯 물었습니다.

그러나 여우는 당나귀를 비웃는 말투로 한마디하고는 유유히 달아났습니다.

"이 **어리석은 당나귀**야! 바보 같은 당나귀야! 너는 덩치만 컸지 **지혜**는 아주 **빵점**이구나. 우물 안에 뛰어들기 전에 나올 방법부터 생각하고 들어와야지. 으하하하!"
 "뭐, 뭐라구!"
 "이 멍청한 당나귀야, 나는 바쁜 일이 있어 먼저 가니 알아서 땅으로 올라오게. 히히힛."
 여우는 꼬리를 살랑이며 어디론가 사라졌습니다.

(1490자)

소요시간	1독		2독		3독	
	분	초	분	초	분	초

지문 기억 및 이해도 측정문제(여우와 당나귀)

1. 여우는 우물에 왜 들어가 있었나요?
   ① 물을 실컷 먹으려고
   ② 날씨가 더워 목욕하려고
   ③ 발을 헛디뎌 빠졌다
   ④ 우물 속에 숨어있다 사냥하려고

2. 여우는 당나귀에게 물맛이 어떠하다고 했는가요?
   ① 미지근하다
   ② 시원하다
   ③ 짭짤하다
   ④ 텁텁하다
   ⑤ 맛이 없다.

3. 여우는 어떻게 우물 밖으로 나올 수 있었나요?
   ① 껑충 뛰어서 나왔다.
   ② 사다리를 타고 나왔다.
   ③ 밧줄을 타고 나왔다.
   ④ 당나귀 등을 타고 나왔다.
   ⑤ 당나귀가 밖으로 던져서 나왔다.

4. 여우가 당나귀를 꼬이기 위해서 한 행동이나 말이 아닌 것은?
   ① 물맛이 아주 좋다.
   ② 목욕을 하니 시원하다.
   ③ 혓바닥으로 물을 할짝거렸다.
   ④ 밧줄을 내려 달라고 했다.

5. 여우가 우물을 빠져 나온 다음에 한 행동이나 말은?
   ① 당나귀를 구하려고 사다리를 가져왔다.
   ② 밧줄을 내려 주었다.
   ③ 당나귀를 비웃었다.
   ④ 당나귀의 두 다리를 당겨주었다.

6. 당나귀가 우물에 빠진 여우에게 '그 속에서 무얼 하나?'라고 물었을 때 여우는 무어라고 답했나요?

7. 당나귀는 물에 들어갈 때 나올 것을 생각했나요?

8. 여우는 당나귀를 구해 주었나요?

9. "이 어리석은 당나귀야! 바보 같은 당나귀야! 너는 덩치만 컸지 (   )는 아주 빵점이구나!"에서 (   )안에 들어갈 말은?

10. 당나귀와 여우의 성격을 쓰시오.

소요시간	1분당 읽은 글자수	이 해 도	1분당 독서능력
분 초			

고양이와 쥐

 어느 마을에 있는 한 집에는 쥐가 유난스레 많이 살았습니다.
 쥐들은 먹이를 찾아서 문이며 벽, 뜰, 하수도 등 안 뚫어 놓는 곳이 없었습니다.
 그래도 그런 것은 참겠는데 천장에 쥐가 들어와 밤마다 달리기 시합을 하는 데는 더 참을 수가 없었습니다.
 또한 잠잘 때 이불 속으로 들어와 발가락을 깨물거나 얼굴 위를 지나다닐 때는 쥐들이 무슨 원수처럼 여겨졌습니다.
 "쥐 때문에 도저히 살 수가 없으니 무슨 좋은 수가 없을까?"
 "여보, 우리가 잠을 안 자고 방망이를 들고 있다가 잡으면 어떨까요?"
 "쥐새끼들이 둔한 우리한테 잡혀야 말이지. 고작 생각한다는 것이 그것뿐이오?"
 남편이 아내의 말을 듣고 신경질을 내면서 소리를 빽 질렀습니다.
 "그럼, 이렇게 합시다."
 "어떻게?"
 "고양이를 한 마리 사다 놓읍시다. 그러면 쥐들이 꼼짝 못할 거예요. 아, 고양이 앞의 쥐라는 말도 있잖아요."

"하긴, 그런데 고양이를 어디 가서 구해 온담?"
남편이 모처럼 흡족한 웃음을 지으면서 고개를 끄덕였습니다.
"그야 시장에 가서 돈주고 사오면 되지요, 뭐."
"그래? 그럼 그렇게 하지."
집주인은 장에 가서 고양이를 한 마리 사왔습니다.
그리고는 일부러 굶기느라 먹이를 주지 않았습니다.
"야옹! 야아옹!"
처음에는 멋도 모르고 밥을 달라고 졸라대던 고양이는 점점 소리를 내지 않았습니다.
"아이고 배고파! 이거 주인은 밥 줄 생각을 안 하니 내가 쥐를 보는 족족 잡아먹는 수밖에 없구나."
뱃구레가 등에 가 붙은 고양이는 쥐 소리가 나는 곳을 노려보며 덮칠 준비 자세를 했습니다.
"찍찍, 찌찍찍!"
고양이는 드디어 쥐를 잡기 시작했습니다.
고양이는 하수도 옆에 가만히 앉아 있다가 드나드는 쥐를 잡아먹었습니다.
또 어떤 때는 방구석에 죽은 듯이 숨도 안 쉬고 있다가 볏가마나 농 뒤에서 나오는 쥐를 잡아먹었습니다.
그런가 하면 울타리에 올라가 있다가 밑으로 지나가는 쥐를 보고 다이빙해 잡기도 했습니다.
그렇게 며칠 지나자 쥐들이 눈에 띄게 줄어들었습니다.
쥐들은 굴속에 숨어 있거나 고양이가 자기들을 노릴 수

없는 땅 속 길 같은 곳으로만 다녔습니다.

"이제는 더 잡아먹을 쥐들이 없나? 몇 마리 더 있는 것 같은데 눈에 안 띄니 원……."

고양이는 쥐잡기가 곤란해지자 다시 짜증이 났습니다.

쥐가 안 잡히면 그 만큼 자기 배를 곯아야 하니 그럴 만도 했지요.

하지만 주인 내외는 사는 맛이 났습니다.

"저 고양이를 사다 놓은 다음부터는 쥐들이 사라져서 살맛이 나는군."

"누가 아니래요. 내가 고양이를 사다 놓자고 하기를 잘 했지요."

부부는 고양이를 바라보면서 말했습니다.

"여보!"

"네?"

"아직 저 고양이한테 밥을 주면 안 돼."

"왜요?"

"짐승은 배가 부르면 일을 안한다구. 저 고양이도 배가 고프니까 죽기 싫어서 우리 집 쥐들을 모조리 잡는 거라구."

"어디 배 안 고프면 일 안 하는 게 짐승들뿐인가요? 사람도 매한가지지요."

"에이, 그래도 나는 좀 다르지."

부부는 서로 얘기하면서 웃었습니다.

주인 내외는 좋아했지만 고양이는 배가 고파 죽을 지경

이었습니다.

"이거 미치겠네. 쥐가 돌아다녀야 잡아서 시장기를 면하지. 그나마 몇 마리 있는 것들은 굴속에만 숨어 있으니……"

고양이는 나머지 쥐를 잡아먹을 생각을 하느라 고민 중이었습니다.

"좋은 방법이 이렇게 안 떠오르나. 벌써 며칠 째 굶은 거야."

고양이는 혼자 넋두리를 해댔습니다.

그러던 어느 날이었습니다. 주인이 쓰다 버린 보자기가 눈에 보였습니다. 그 보자기를 보자 번개같이 한 생각이 스쳐갔습니다.

"바로 저거다! 저것을 이용하여 남은 쥐들을 몽땅 잡아먹자!"

고양이는 그럴 듯한 생각을 떠올리고는 손뼉을 탁탁 쳤습니다. 온몸에는 벌써 기운이 돌았습니다.

남은 쥐를 잡은 거나 마찬가지라고 생각한 것이지요.

"이 보자기를 이렇게 이용해서……"

고양이는 버려진 보자기를 들고 와 자기 몸에 감쌌습니다.

그러자 고양이의 몸이 울긋불긋한 보자기에 감싸였습니다.

이제는 고양이인지 아닌지 알아보기 힘들 정도로 변장이 완벽하게 되었습니다.

"이제는 이 곳에 매달려서 죽은 시늉을 해야지. 그러면 쥐들이 멋모르고 오겠지. 그 때 냉큼 잡아먹어야지. 으흐흐흐.

"역시 내 머리는 좋단 말이야."

위장한 고양이는 천장에 대롱대롱 매달려 죽은 시늉을 했습니다.

그리고는 쥐들이 오기만을 기다리고 있는데 드디어 얼마 뒤에 쥐 한 마리가 구멍에서 눈치를 보며 나왔습니다.

"아이쿠머니나! 저게 뭐야?"

죽은 듯이 매달린 고양이를 보고 놀란 쥐가 다시 구멍 속으로 쏙 들어갔습니다.

그런 후 한참만에 이 쪽 동정을 살피며 나와서는 약을 올리며 한마디했습니다.

"헤이, 고양이군! 수고가 많네. 그러나 네가 그렇게 보자기를 쓰고 있다고 해서 우리가 그리로 갈 줄 아는가? 천만의 말씀이야. 우리는 절대 그리로 가지 않을 테니까. 우리를 먹고 싶으면 자네가 우리 굴속으로 들어오게."

고양이는 쥐의 놀림에 화가 나기도 하고 분하기도 했습니다.

(1650자)

소요시간	1독		2독		3독	
	분	초	분	초	분	초

지문 기억 및 이해도 측정문제(고양이와 쥐)

1. 쥐들이 먹이를 찾아서 뚫어 놓은 곳이 아닌 곳은?
   ① 문
   ② 벽
   ③ 뜰
   ④ 하수도
   ⑤ 아궁이

2. 아내가 남편에게 쥐를 잡기 위해 제안한 첫 번째 방법은?
   ① 방망이로 때려잡자.
   ② 쥐덫을 놓자.
   ③ 쥐약을 놓자
   ④ 쥐구멍에 올가미를 놓자
   ⑤ 고양이를 사다놓자.

3. 집주인은 고양이가 쥐를 많이 잡기 위해 어떻게 하자고 했는가?
   ① 고양이에게 밥을 많이 줘라.
   ② 고양이를 굶겨라.
   ③ 고양이에게 생선을 줘라
   ④ 고양이를 잠을 재우지 마라.

4. 고양이가 어떤 방법으로 쥐를 잡았나요. 맞지 않은 것은?
   ① 하수도 옆에 가만히 앉아 있다가
   ② 방구석에 죽은 듯이 있다가
   ③ 울타리에 올라가 있다가
   ④ 쥐구멍을 파헤쳐서

5. 고양이는 쥐를 잡기 위해 마지막으로 사용한 도구는?
   ① 장갑
   ② 보자기
   ③ 기름병
   ④ 쥐덫
   ⑤ 볏짚

6. 집주인 부부가 잠잘 때 쥐들은 무엇을 깨물었나요?

7. 고양이를 사다 놓자고 한 것은 누구인가요?

8. 고양이가 변장을 한 이유는 무엇 때문인가요?

9. 쥐를 잡기 위해 위장한 고양이는 어디에 대롱대롱 매달려 죽은 시늉을 했나요?

10. 쥐는 고양이에게 무어라고 놀렸는가?

소요시간		1분당 읽은 글자수	이 해 도	1분당 독서능력
분	초			

북두철성이 된 형제들

옛날, 어느 마을에 한 어머니가 살았습니다. 그 어머니는 아들을 일곱이나 두었습니다.

그런데, 불행하게도 남편이 죽어 혼자 힘겹게 칠 형제를 키웠습니다. 어머니는 일이 고되고 힘들어도 아들들이 커 가는 것을 보는 재미로 살았습니다

그런 어머니의 어려움을 잘 아는 아들들은 어머니에게 효도하면서 속을 안 썩이려고 무진 애를 썼습니다.

어느 해 초겨울이었습니다. 날씨가 추워지면서 찬바람이 자주 불었습니다.

"얘들아, 날씨가 이렇게 추워지니 혼자 계시는 어머니 마음이 얼마나 춥겠니? 그러니 우리가 나무를 많이 해다가 방을 따뜻하게 해 드리자."

"그렇게 해요, 형님."

큰형의 말에 따라 의리 있고 마음씨 착한 일곱 형제는 다 지게를 지고 산으로 갔습니다. 산에 가서 나무를 많이 해 다가 방을 따뜻하게 데워 드렸습니다.

하지만 어머니의 얼굴 표정은 늘 추운 듯했습니다.

"에이, 추워 못살겠구나!"

어머니는 더운 방에서도 누가 안 보면 춥다고 혼잣말을 했습니다.

"이렇게 불을 많이 땠는데도 방이 추우시다니……?

불을 더 많이 땔까……?"
 아들들은 어머니의 마음을 알 수 없다는 듯이 고개를 갸우뚱거리며 불을 더 많이 지펴 드리곤 했습니다.
 그렇지만 어머니의 추운 표정이 펴지지는 않았습니다.
 그러던 어느 날이었습니다. 큰아들이 밤중에 잠이 깨어 어머니에게로 갔습니다.
 어머니는 방에 안 계셨습니다.
 '이 밤중에 어디를 가셨을까? 어디 간다는 소리는 아무에게도 안 하셨는데……?'
 큰아들은 텅 빈 어머니 방을 바라보면서 깊은 생각에 잠겼습니다. 아무리 생각해도 알 수가 없었습니다.
 큰아들은 그냥 자리에 누운 채 잠은 자지 않고 어머니를 기다렸습니다.
 새벽녘이 되었습니다. 그제서야 어머니는 돌아와서 아이들이 눈치채지 않게 가만히 방으로 들어갔습니다.
 '이상하다! 어디를 갔다가 이제야 오시는 걸까?"
 큰아들은 혼자서 곰곰히 생각에 빠졌습니다. 하지만 그 이유를 알아낼 수는 없었습니다.
 '어디 내일은 자는 척하고 누웠다가 어머니가 또 나가시면 따라 나가 보자.'
 이튿날, 큰아들은 밤이 되자 누워서 자는 척하며 어머니의 동태를 살폈습니다.
 밤이 깊어 아이들이 다 잠들자 어머니는 또 살그머니 문을 열고 나갔습니다.

조금 기다렸다가 큰아들도 살그머니 문을 열고 나갔습니다.

그리고는 발소리를 내지 않고 다른 사람 눈에 들키지 않게 살금살금 뒤따라갔습니다.

어머니는 어두운 밤길을 걸어 동네 밖으로 나갔습니다.

그러더니 다리가 놓여 있지 않은 냇물가에 이르러서는 옷을 걷고 물을 건넜습니다.

"아이구 차가워!"

물을 건너면서 어머니가 중얼거리는 소리가 큰아들의 귀에 들려왔습니다.

한참 있다가 큰아들도 옷을 걷어올리고 찬물을 건넜습니다. 찬 냇물은 살을 에워내는 듯이 시렸습니다.

어머니는 어느 오막살이 초가집에 이르러서는 창문을 톡톡 두드리면서 누군가를 나직하게 불렀습니다.

큰아들은 조금 떨어진 곳에 엎드린 채 어머니가 하는 행동을 유심히 바라보았습니다.

"주무시오?"

그러자 문이 열리면서 한 영감님이 나왔습니다.

"에이구, 이 추운 밤에 오늘도 잊지 않고 오셨구려."

영감님은 어머니를 데리고 방으로 들어갔습니다.

그 영감님은 짚신을 삼아 하루하루 살아가는 가난한 홀아비였습니다.

어머니와 그 영감님은 방에 들어가 서로 등을 긁어 주면서 재미있게 이야기를 나누었습니다. 그러는 어머니의 목소리에는 추운 구석이라고는 눈꼽만큼도 없었습니다.
 큰아들은 그제서야 어머니가 더운 방에서도 추운 얼굴을 하고 계시던 이유를 알아냈습니다.
 "내가 그걸 몰랐구나. 어머니는 아버지가 안 계셔서 외로우신 거야. 내 나이가 들어 어른에 가까워지니까 그 마음을 이해할 수가 있을 것 같애."
 큰아들은 혼자 중얼거리며 집으로 돌아왔습니다. 그리고는 잠을 자고 있는 동생들을 조용히 깨웠습니다.
 "너희들 내 얘기를 잘 듣거라. 내가 지금 어머니 가신 곳을 따라갔다 오는 길이다. 어머니는 개울 건너 영감……."
 큰아들은 자기가 겪고 본 이야기를 다 했습니다. 그리고는 동생들을 데리고 개울에 나가 징검다리를 놓았습니다.
 "이제는 어머니가 영감님을 만나러 가고 오실 때 발을 적시지 않으셔도 돼. 자, 됐다. 이제 그만 가자."
 "형님은 왜 이런 일을 합니까? 더구나 잠자는 사람을 밤중에 깨워서 찬물에 들어가게 하고……."
 다들 가만히 있는데 셋째 아들이 불평불만을 했습니다.
 "너도 어른이 되면 다 안다. 어른이 되었을 때는 혼자서는 외롭기 때문에 살기 힘든 법이란다. 이제 모두 들어가 자자. 이게 다 어머니를 위한 일 아니겠니?"
 큰아들의 말에 다른 아들들은 고분고분 따랐습니다.
 새벽이 돼서야 집으로 돌아오던 어머니는 냇가에 이르러 깜짝 놀랐습니다.

"아니, 이게 어찌 된 일이지! 아까 올 때까지도 이 다리는 없었는데?"

어쨌든 어머니는 찬물에 다리를 빠뜨리지 않고 개울을 건너게 되어 무척 좋아했습니다.

어머니는 집으로 오면서 하늘을 우러러 나직하게 빌었습니다.

"하느님께 비옵니다! 이 다리를 놓아 준 사람은 이 다음에 죽었을 때 빛나는 별이 되게 해 주십시오. 하느님께 꼭 비옵니다.!"

어머니는 그 날 이후 다리를 물에 빠뜨리지 않고도 징검다리를 건너 영감님을 만날 수 있었습니다.

많은 세월이 흘렀습니다.

어머니가 돌아가셨습니다. 어머니가 만나러 다니시던 영감님도 돌아가셨습니다.

그리고 일곱 아들들도 나이가 들어 다 죽었습니다.

죽은 일곱 아들들은 그 어머니가 하늘에 빈대로 다 별이 되었습니다. 그 별들은 북두칠성이 되어 하늘에서 반짝반짝 오늘날까지 빛나고 있대요.

그런데 셋째별이 희미하게 빛나는 것은 왜 그런지 아세요?"

글쎄, 다리를 놓을 때 셋째 아들이 불평불만을 했기 때문이래요.

(1937자)

소요시간	1독		2독		3독	
	분	초	분	초	분	초

지문 기억 및 이해도 측정문제(북두칠성이 된 형제들)

1. 옛날 어느 마을 한 어머니에게는 아들이 몇 명 있었나요?
   ① 4명
   ② 5명
   ③ 6명
   ④ 7명
   ⑤ 8명

2. 아들들이 불을 많이 땠는데도 어머니가 춥다고 한 이유는?
   ① 행복해서
   ② 외로워서
   ③ 즐거워서
   ④ 화가 나서
   ⑤ 슬퍼서

3. 큰아들이 어머니가 안 계신 것을 알고 기다렸을 때 어머니는 언제 돌아오셨는가요?
   ① 새벽
   ② 초저녁
   ③ 한밤중
   ④ 아침
   ⑤ 대낮

4. 큰아들은 동생들을 데리고 개울에 나가 징검다리를 놓았는데 몇째 아들이 불평 불만을 했나요?
   ① 둘째아들
   ② 셋째아들
   ③ 넷째아들
   ④ 다섯째아들
   ⑤ 여섯째아들

5. 어머니와 영감님은 무엇을 하면서 이야기를 나누었나요?
   ① 등을 두드리며
   ② 허리를 밟아주며
   ③ 밥을 먹여주며
   ④ 등을 긁어주며
   ⑤ 술을 마시면서

6. 이 글에서 계절은 어느 때인가요?

7. 어머니가 찾아간 곳은 어떤 집이었나요?

8. 어머니가 찾아간 영감님은 어떤 일을 하면서 살아가는지요?

9. 어머니는 다리를 놓아준 사람이 죽으면 무엇이 되게 해 달라고 하느님께 빌었나요?

10. 이 글의 주제는 무엇인가요?

소요시간	1분당 읽은 글자수	이 해 도	1분당 독서능력
분 초			

재롱 부린 당나귀

어떤 부잣집에서 당나귀와 강아지를 길렀습니다.

당나귀는 매일 일만 했습니다. 밭이나 논을 갈거나 짐을 실어 날랐습니다.

그 날도 당나귀는 강아지를 보고 은근히 부아가 치밀었습니다.

왜냐구요?

강아지는 주인을 따라다니며 꼬리를 살래살래 저을 뿐, 일은 하나도 안 하는 게 여간 밉살스러운 것이 아니었거든요.

"쳇, 저 강아지는 뭔데 힘든 일은 하나도 안하고 놀기만 한담? 그러면서도 주인의 사랑은 나보다 더 많이 받잖아?"

당나귀는 치밀어 오르는 울화통을 간신히 누르고 하루 일을 끝마쳤습니다.

당나귀는 저녁을 먹으면서 또 강아지를 보게 되었습니다.

"아니, 저 강아지가! 저 놈은 주인 식탁 옆에 앉아서 꼬리만 살랑거리니까 주인님이 맛있는 고기를 던져 주시잖아."

당나귀는 또 화가 났습니다. 화가 치미니까 맛있던 마른풀도 영 쓴맛이었습니다.

'저 강아지란 놈이 어떻게 하나 지켜보자.'

당나귀는 곱지 않은 눈매로 강아지가 하는 행동을 계속 눈여겨 보았습니다.

"어! 이제는 사람처럼 아양을 떠네. 혀로 주인님의 손등을 핥고 앞발을 주인님 무릎 위에 올려놓고……"

"아니 저러는 데도 주인님이 화를 안 내실까?"

당나귀는 괜히 조마조마한 마음으로 지켜보다가 더 깜짝 놀랐습니다.

"아이구 우리 집 재롱둥이 같으니라구. 아이구 착하기도 하지."

주인은 당나귀의 예상처럼 화를 내기는커녕 강아지를 끌어안고 목덜미의 털을 쓸어 주며 뺨에 뽀뽀까지 했습니다.

당나귀는 식식거리며 마구간에서 잠을 청했습니다.

그런데 강아지는 따뜻한 주인의 침대 옆에서 잠을 잤습니다.

그런 사실을 안 당나귀는 또 부아가 치밀었습니다.

"나는 하루 종일 일을 해도 맛있는 음식을 먹어 보지 못하잖아. 그런데 저 강아지는 놀기만 하는 데도 저런 맛있는 것을 먹으니 이럴 수가 있을까?"

당나귀는 혼자 불평을 하면서 곰곰이 생각에 잠겼습니다.

'나는 왜 주인에게 강아지만큼 귀여움을 받지 못하는 것일까? 나도 이제부터 주인에게 장난도 치고 재롱을 피우면 강아지보다 더 귀여움을 받을지 몰라. 내가 강아지보다는 더 힘든 일을 하니까 말이야.'

당나귀는 자기 생각을 행동에 옮기기로 했습니다.

어느 날이었습니다.

당나귀는 고삐를 끊고 주인이 있는 방으로 뛰어들어갔습니다.

"아니, 이놈의 당나귀가 이 방엔 왜 왔어. 어서 나가!"

주인이 당나귀를 보고 하도 어이가 없어 빙긋빙긋 웃으면서 소리쳤습니다.

'주인님이 웃는 것을 보니까 내가 방에 들어온 게 귀여운 모양이지.'

당나귀는 주인이 야단을 쳤지만 속마음은 좋은데 괜히 겉으로만 그러는 것이라고 짐작했습니다.

그래서 꼬리를 설레설레 흔들어 강아지 흉내를 내면서 애교를 부렸습니다.

"히힝히힝 히히힝잉……."

주인은 웃던 얼굴을 굳은 얼굴로 바꾸며 뭔가를 찾고 있었습니다.

'왜 나에게는 강아지한테처럼 맛난 음식을 안 주시지. 그렇다면 더 재롱을 피워야겠군 그래.'

당나귀는 꼬리를 더 세게 휘둘러댔습니다.

'쨍그랑!'

당나귀가 휘두르는 꼬리에 침대 모서리에 있던 물병이 땅바닥에 떨어지면서 깨졌습니다.

하지만 당나귀는 꼬리 흔드는 데 정신을 뺏겨 물병이 깨지는 것도 몰랐습니다.

'이번에는 다른 행동을 보여드려야겠구나.'

당나귀는 껑충거리면서 방안을 뛰어다녔습니다.

그러자니 방이 좁아 당나귀의 발에 채여 넘어지고 깨지는 물건이 많았습니다.

'어, 이래도 주인님이 가만히 있으시네.'

당나귀는 내친김에 갖은 재롱을 다 피우기로 했습니다.

이번에는 큰 앞발 두 개를 주인 무릎에 턱 얹고는 그 큰 혀로 주인의 얼굴을 마구 핥았습니다.

"이 놈의 당나귀가 미쳤구나! 아이구 다리야! 에이구 더러워, 아 퉤퉤!"

주인은 화가 나서 빗자루로 당나귀를 마구 후려갈기면서 소리쳤습니다.

칭찬을 받을 줄 알았던 당나귀는 반대로 매를 맞자 놀라서 뛰쳐나가려고 했습니다.

그 바람에 주인은 당나귀의 앞발에 무릎이 눌려 다리가 부러지는 것처럼 아파 왔습니다.

"밖에 사람 없느냐? 사람 살려라! 아이구 내 다리야, 아이쿠, 아이쿠!"

주인이 방바닥에 쓰러진 채 비명을 질러댔습니다.

"왜 그러십니까, 주인님?"

"갑자기 왜 그러세요?"

밖에서 일을 하던 하인들이 큰 몽둥이를 들고 뛰어 들어오면서 소리쳤습니다.

"아이구 나 죽는다! 아이구……!"

하인들은 벌어진 상황을 한눈에 알아보고는 몽둥이로 당나귀를 두들겨 패기 시작했습니다.

"히힝힉! 히히힝힉힉!"

당나귀는 몽둥이 세례를 받고 마구간으로 쫓겨가 갇히는 신세가 되고 말았습니다.

(1518자)

소요시간	1독		2독		3독	
	분	초	분	초	분	초

지문 기억 및 이해도 측정문제(재롱부린 당나귀)

1. 당나귀는 왜 울화통이 치밀었나요?
    ① 강아지가 일을 많이 했다
    ② 당나귀에게는 일을 시키지 않았다.
    ③ 강아지가 귀엽기 때문
    ④ 강아지는 어려운 일을 않는 데도 귀여움을 받았다.

2. 주인이 강아지에게 고기를 주는 것을 보고, 당나귀는 늘 먹던 마른 풀의 맛이 어땠습니까?
    ① 달콤한 맛
    ② 쓴 맛
    ③ 짠 맛
    ④ 텁텁한 맛

3. 강아지는 어디에서 잠을 잤나요?
    ① 당나귀와 같은 마구간
    ② 개집
    ③ 주인의 침대 옆
    ④ 따뜻한 아궁이 옆
    ⑤ 마루 밑

4. 주인은 당나귀가 방으로 들어왔을 때 왜 빙긋빙긋 웃었나요?
    ① 귀여워서
    ② 어이가 없어서
    ③ 반가워서
    ④ 재롱을 피워서

5. 당나귀가 주인한테 한 행동이 아닌 것은?
   ① 꼬리를 흔들었다.
   ② 주인의 무릎에 두 다리를 얹었다.
   ③ 주인의 얼굴을 핥았다
   ④ 주인을 뒷발로 찼다.

6. 강아지가 재롱을 피우면 주인이 어떻게 했나요?

7. 당나귀는 무엇이 불만이었나요?

8. 당나귀가 꼬리를 흔들 때 무엇이 깨졌나요?

9. 주인이 화가 나서 무엇으로 당나귀를 후려 갈겼나요?

10. 결국 당나귀는 어떻게 되었나요?

소요시간	1분당 읽은 글자수	이 해 도	1분당 독서능력
분 초			

견우와 직녀

　옛날, 하늘 나라를 다스리는 임금님이 계셨어요. 임금님에게는 공주가 한 명 있었는데 얼굴이 몹시 예뻤어요. 그리고 마음씨도 곱고 무척 똑똑했습니다.
　그 공주는 남달리 베를 잘 짜서 이름을 '직녀'라고 했습니다. 직녀란 베를 짜는 여자라는 뜻이지요.
　직녀가 짜는 베는 어느 누가 짠 베보다도 곱고 튼튼했습니다.
　이런 솜씨 좋고 고운 따님을 둔 임금님이 직녀를 아주 사랑한 건 두말할 필요도 없었답니다.
　직녀의 나이도 이제는 시집갈 때가 되었습니다.
　"이제 우리 직녀에게도 짝을 찾아 줄 때가 된 것 같소. 그러니 여러 대신들은 우리 나라는 물론 다른 별나라에까지 알려 좋은 신랑감을 찾아보도록 하시오."
　"예, 명령대로 좋은 신랑감을 찾아보도록 하겠습니다."
　대신들은 그 날부터 나라 안팎으로 소문을 내고 마땅한 신랑감을 찾아 나갔습니다.
　그렇게 해서 찾은 것은 '견우'였습니다. 견우란 소를 끄는 사람이란 뜻입니다.
　견우는 어렸을 때부터 소를 좋아하여 늘 소를 몰고 다녔습니다. 그 덕에 견우라는 이름이 붙여진 것입니다.
　직녀와 견우는 온 나라 사람들의 축복 속에 결혼을 하였습니다.
　임금님은 사위 얻은 것을 기뻐하여 대궐 안에 살도록 하고 늘 귀여워하였습니다.
　견우와 직녀는 서로 마음이 맞아 즐거운 세월을 보냈습니다. 하지만 저희들도 모르는 가운데 아버지인 임금의 눈에 거슬리는 일을 하게 되었습니다.

"뭐라고! 소를 끌고 다니며 대궐 안의 꽃밭을 모두 짓밟았다고? 그리고 베 짜는 직녀를 데리고 놀러만 다닌다고?"

늙은 임금님은 몹시 화가 나 소리치셨습니다.

하루는 임금님이 견우와 직녀에게 어떤 일을 시켰습니다. 그러나 두 사람은 그 일은 하지 않고 소를 타고 즐기며 놀기만 했습니다.

이 사실을 알게 된 임금님은 화가 머리끝까지 나 견우와 직녀를 불러들이셨습니다.

"견우와 직녀는 잘 듣거라. 너희는 내 말을 잘 듣지 않고 제멋대로 행동하니 오늘부터 이 대궐에서 나가 내 눈에 보이지 마라. 이런 행동은 두 사람이 늘 같이 있기 때문에 일어나는 일이니, 버릇을 고칠 때까지는 서로 떨어져 있도록 하라. 견우는 동쪽에, 직녀는 서쪽에 헤어져 있거라."

임금님의 명령은 아주 단호했습니다.

"아버지, 저희들은 서로 떨어져 살 수 없습니다. 너그러운 마음으로 한 번만 봐 주십시오. 굳이 귀양을 보내시려면 저희들을 같이 가게 해 주십시오."

직녀는 울면서 애원을 했습니다.

"그렇게 할 수는 없다. 하지만 일년에 한 번 칠월칠석날 밤에는 은하수를 사이에 두고 강가에서 서로 바라보는 것만은 허락하겠노라."

직녀의 애원도 화난 임금님의 마음을 돌이키는 데는 실패하고 말았습니다. 그래서 두 사람은 그 날로 귀양을 가 헤어져 살게 되었습니다.

귀양 간 두 사람은 서쪽 하늘과 동쪽 하늘에서 서로 보고 싶어하며 애를 태웠습니다. 두 사람은 눈물로 나날을 보냈습니다. 한숨의 나날이었습니다.

견우와 직녀는 칠석날만을 손꼽아 기다리며 일 년을 지냈습니다.

칠석날이 가까워지자 견우와 직녀는 먼길을 발이 아픈 줄도 모르고 은하수를 향해 몇 날이고 걸었습니다. 은하수 강가에서 마주 바라볼 수 있는 기회는 그 때 뿐이었으니까 그럴 수밖에 없었지요. 드디어 은하수가 보였습니다. 은하수에는 환하게 빛나는 은빛 물이 굽이쳐 흐르고 있었습니다.

'저 강가에만 가면 건너편의 견우님을 쳐다볼 수 있겠지. 아, 얼마나 보고 싶던 남편인가!'

직녀는 잔뜩 마음이 달아올랐습니다. 그래서 뛰어서 은하수에 도착했습니다.

하지만 은하수를 가까이서 보고는 큰 실망에 빠졌습니다. 은하수에 가면 서로 이야기도 하게 될 줄 알았는데 정작 와 보니 강이 넓어 말소리가 잘 안 들렸거든요. 거기다가 사람 얼굴도 뚜렷하게 보이지 않았으니 실망할 수밖에요.

은하수에는 다리가 없는 것은 물론 나룻배도 없었습니다.

견우와 직녀는 일년만에 만났지만 눈물만 흘리다가 헤어졌어요. 참으로 안타까운 일이었습니다.

견우와 직녀는 슬픈 눈물을 한없이 펑펑 흘렸어요. 비오듯 흐르는 눈물은 은하수를 넘치게 했습니다. 이 슬픈 눈물은 비가 되어 우리가 사는 지구 땅 덩어리까지 내리게 되었습니다.

그래서, 칠월칠석날이면 우리가 사는 곳에도 비가 오게 되었지요. 또 그 비로 인해서 곳곳에 홍수가 나게 되었습니다.

사람들은 홍수 때문에 집을 떠내려보내 고생을 하였습니다. 새들과 땅에서 사는 짐승들도 큰 고생을 하였습니다.

생각다 못해 짐승들이 모여 의논을 했습니다.

"칠석날만 되면 이렇게 비가 많이 와 우리들이 고생을 하니 이를 어떻게 했으면 좋겠습니까?"

"이 비는 하늘 나라의 견우와 직녀가 은하수를 건너지 못해 흘리는 눈물입니다. 그러니 이 비를 멎게 하려면 두 사람을 만나게 해 주는 도리밖에 없다고 생각합니다.."

"맞습니다. 그 수밖에 없습니다."

"그런데 두 사람을 만나게 하려면 은하수에 다리를 놓아주어야만 합니다. 그 일은 날개가 있는 새들밖에 못하는데 그 중에서도 까마귀와 까치가 제일입니다."

"저도 그렇게 생각합니다."

이렇게 해서 까마귀와 까치는 은하수에 올라가 다리 놓는 일을 하기로 했습니다. 까치와 까마귀는 물난리를 막는 것이 목적이었지만 견우와 직녀의 딱한 사정에도 동정이 가 기꺼이 그 일을 하려고 했습니다.

그 다음 해부터 은하수에 다리를 놓기 위해 이 세상에 사는 까치와 까마귀는 모두 하늘나라로 올라갔습니다.

까치와 까마귀들은 서로 앞에 있는 까치와 까마귀들의 꽁지 털을 물고 늘어서서 긴 다리를 만들었습니다.

견우와 직녀는 까마귀와 까치들이 만든 다리 위로 걸어가 다리 가운데서 만났습니다.

"여보, 이게 얼마만이어요!"

"일 년 만이오. 그래 그 동안 잘 있었소?"

"이렇게 시간이 빨리 가다니요. 하루가 금세 가는군요."

"누가 아니래요. 이제 헤어지면 또 내년 칠석날까지 기다려야겠지요?"

"그래요, 이럴 줄 알았으면 임금님 말씀을 잘 듣는 것인데."

견우와 직녀는 서로 쳐다보고 울었다가 웃었다가 하며 어쩔 줄을 몰라 했습니다.

까치와 까마귀는 반가워하는 견우와 직녀를 보느라 자기들 머리가 밟혀 털이 빠지는 것도 몰랐습니다. 또 아픈 것도 몰랐습니다.

이처럼 칠석날마다 까치와 까마귀가 은하수에 다리를 놓아주는 것을 '오작교'라고 합니다. '까마귀와 까치의 다리'라는 뜻이지요.

오작교를 놓은 다음부터는 칠석날이 되어도 비가 조금밖에 안 온대요.

그리고 칠월칠석날이 지나면 까마귀와 까치의 머리가 벗겨지는 것도 오작교를 놓을 때 견우와 직녀에게 밟혔기 때문이래요.

(2221자)

소요시간	1독		2독		3독	
	분	초	분	초	분	초

지문 기억 및 이해도 측정문제(견우와 직녀)

1. 공주의 이름을 '직녀'라고 한 이유는 무엇일까요?
   ① 베를 잘 짜서
   ② 노래를 잘해서
   ③ 춤을 잘 추어서
   ④ 얼굴이 예뻐서

2. 임금이 견우와 직녀를 귀양 보낼 때의 원인이 아닌 것은?
   ① 대궐 안의 꽃밭을 짓밟았다
   ② 견우와 직녀가 제멋대로 행동했다.
   ③ 견우와 직녀가 일을 열심히 했다
   ④ 두 사람은 늘 같이 있었다.

3. 임금님이 1년에 한번 은하수를 사이에 두고 만날 수 있게 한 날은 언제인가?
   ① 팔월 한가위
   ② 오월 단오
   ③ 칠월 칠석
   ④ 한식날
   ⑤ 정월대보름

4. 견우와 직녀가 만날 수 있도록 다리는 놓아준 새를 있는 대로 고르세요.
   ① 비둘기
   ② 까치
   ③ 파랑새
   ④ 까마귀
   ⑤ 제비

5. 견우와 직녀가 만날 때만 되면 우리가 사는 지구에 홍수가 났었는데 무엇 때문이었나요?
   ① 하느님의 명령
   ② 견우, 직녀의 눈물
   ③ 은하수가 터져서
   ④ 천사들이 견우, 직녀를 불쌍히 여겨 흘린 눈물
   ⑤ 새들의 눈물

6. '견우'란 어떤 뜻인가요?

7. 직녀는 결혼한 후로는 누구의 말을 더 잘 들었나요?

8. 임금님은 견우와 직녀를 각각 어느 쪽으로 가라고 했나요?

9. 홍수가 나서 짐승들이 모여 의논하여 얻은 결론은 무엇인가요?'

10. 견우, 직녀가 만날 수 있도록 만든 다리의 이름은 무엇인가요?

소요시간		1분당 읽은 글자수	이 해 도	1분당 독서능력
분	초			

춤추는 빨간 우산

　아침에 책가방을 메고 나온 후택이는 하늘을 쳐다보았습니다. 잔뜩 찌푸린 하늘은 금방이라도 비를 뿌릴 것만 같았습니다.
　"엄마, 오늘 비가 올 것 같아요, 안 올 것 같아요?"
　후택이가 엄마에게 물었습니다.
　"글쎄다, 내가 신이 아닌 다음에야 알 수가 있냐. 올 것 같기도 하고 아닌 것 같기도 하고."
　엄마의 대답이 딱 부러지지 않아 후택이는 답답했습니다.
　"오늘은 틀림없이 비가 올 거야. 지금은 안 오지만 학교에 다 가기도 전에 비가 올 거야. 그러니까 내 말 듣고 너도 우산 가지고 가."
　선순이가 후택이에게 마루 끝에 놓인 빨간 우산을 집어 주며 말했습니다.
　"네가 뭘 안다고 그래, 여자가."
　"조게 누나한테 까불어. 가지고 가기 싫으면 그만둬라. 내가 가져갈 테니까."
　선순이는 우산을 집어 가방에 넣으며 말했습니다.
　후택이는 마당에 선 채 한참을 망설였습니다. 하늘을 쳐다보기도 하고 우산을 바라보기도 했습니다. 그러더니 무슨 결심이나 한 듯 획 돌아서서 달아났습니다.
　"얘 후택아! 누나 가방 좀 메고 가거라. 누나가 힘들잖아!"
　엄마가 달아나는 후택이의 등뒤에다 대고 소리치셨습니다.
　"싫어요! 선순이하고 같이 다니면 아이들이 놀린단 말이어요."
　후택이는 뒤도 안 돌아보고 소리쳤습니다.
　"엄마, 놔 둬요. 제가 메고 천천히 갈게요."
　"에미한테 업혀라. 저 진흙 고개께까지 업어다 줄게. 엄마는 거기서 보리밭으로 가면 되니까."

엄마가 등을 돌려대며 말씀하셨습니다.

"괜찮아요, 엄마."

선순이는 사양을 했습니다. 다 큰 게 업히면 엄마가 힘들 거라는 생각 때문이었습니다.

"어서 업히라니까, 학교 늦겠다."

선순이는 마지못해서 엄마 등에 업혔습니다. 업혀서는 한 손으로 엄마의 어깨를 잡고 다른 한 손으로는 목발과 엄마의 호미를 잡았습니다.

"학교 늦겠구나, 빨리 서둘러야지."

엄마는 급하게 발걸음을 떼셨습니다. 가다가 선순이가 아래로 흘러내리면 멈춰 서서 추스려 업고 내달리셨습니다.

엄마가 걸음을 옮길 적마다 우산을 끼워 넣은 가방이 털썩거리며 등을 때렸습니다.

"이제 여기서부터는 너 혼자서 부지런히 가거라. 엄마는 보리밭으로 가야 하니까."

"네."

선순이는 목발을 겨드랑이에 대면서 대답했습니다.

"이따가 비오면 후택이 찾아서 같이 쓰고 오너라. 그 녀석이 아직 나이가 어려서 그러는 거지 정말로 네가 싫어서 그러는 것은 아니야. 너를 누나라고 얼마나 생각하는데……."

선순이는 엄마가 왜 그런 말을 하는지 짐작하고도 남았습니다. 그래서 얼른 웃으면서 그러마고 했습니다.

"그 녀석이 학교에 들어가더니 왜 멋을 그렇게 부리는지 몰라. 같이 가방도 가져다주고 불편한 누나를 보살펴 주면 좋으련만……."

엄마는 속상한 나머지 혼자 중얼거리며 보리밭으로 가는 둑길로 접어드셨습니다.

선순이는 목발에 몸을 의지한 채 뒤뚱뒤뚱 걸어갔습니다. 소아마비를 앓아 다리가 불편한 선순이는 목발에 의지하는 수밖에 없었습니다.

학교가 멀어 선순이 가방은 언제나 쌍둥이인 후택이 몫이었습니다.

하지만 후택이는 다른 아이들의 이상한 눈초리와 놀림을 이겨내지 못하고 자꾸 혼자만 다니려고 해 엄마와 선순이의 애를 태우는 중이었습니다.

그래서 오늘도 혼자 내뺀 것이었습니다. 선순이가 무심히 철다리를 지나자 잔뜩 흐린 하늘에서는 빗방울이 후드득후드득 내리기 시작했습니다. 빗발은 금세 굵어져 머리칼과 옷을 적셨습니다.

하늘이 어찌나 흐렸던지 아침인데도 마치 초저녁처럼 어두컴컴했습니다.

선순이는 무서워져서 주위를 살폈습니다. 아무도 눈에 띄지 않았습니다. 선순이는 가방을 벗어서 우산을 빼냈습니다. 그리고는 목발 짚지 않은 손으로 펴 들었습니다.

빨간 색 우산은 큰 버섯 같았습니다. 그 버섯은 선순이가 불편한 걸음을 옮길 적마다 옆으로 쓰러질 듯 하다가 다시 서서 너풀너풀 춤을 추며 걸어갔습니다. 우산의 춤추는 속도가 빨라졌습니다.

'얘가 아직 학교까지는 못 갔을 텐데, 어디서 이 비를 다 맞고 있지 않을까?'

"더 부지런히 가 봐야지. 비를 흠뻑 맞고 나면 감기가 들 텐데……."

선순이는 혼자 중얼거리며 더욱 더 빠르게 발을 놀렸습니다.

빨리 움직이자니 비가 우산 아래로 들이쳐서 아래옷이 다 젖었습니다. 몸이 성한 아이들처럼 달려갈 수만 있다면 빨리 달려가고 싶었습니다.

선순이가 막 언덕을 넘어 큰 소나무 아래를 지날 때였습니다.

"누나!"

어디선가 후택이의 아주 반가워하는 목소리가 들렸습니다.

"……!"

선순이는 걸음을 멈춘 채 주위를 살폈습니다. 그러나 후택이가 어디 있는지 알 수가 없었습니다.

"누나! 나 여기 있어, 헤헤헤."

후택이가 큰 소나무 둥치 뒤에서 얼굴을 빼꼼이 내놓으면서 멋쩍게 웃었습니다. 비에 젖은 머리가 꼭 물독에 빠졌던 생쥐 모습 같았습니다.

후택이는 큰 소나무 아래서 비를 피하고 있었던 모양입니다.

"후택아, 이리 들어 와! 비를 흠뻑 맞았구나. 옷은 안 젖었니?"

선순이는 울상을 한 채 후택이에게 손짓했습니다.

후택이는 쑥스러웠던지 선뜻 선순이 우산 속으로 들어오지 못했습니다. 겸연쩍은 표정으로 어색하게 웃고만 있었습니다.

"너 입술이 새파랗구나, 춥지?"

선순이가 우산을 든 채 뒤뚱뒤뚱 다가가며 물었습니다.

"괜찮아다다, 누나아다다다……."

후택이는 괜찮다고 하면서도 이를 다다다 소리가 나도록 떨었습니다.

"후택아, 이제부터는 나를 꼭 누나라고 불러야 해, 알았지?"

선순이가 빙긋이 웃으면서 짓궂게 다짐을 받았습니다. 다급한 나머지 후택이가 선순이에게 누나라고 부른 것을 놓치지 않은 것이었습니다.

"알았어."

후택이는 아무 조건 안 달고 선선히 대답했습니다. 그리고는 얼른 선순이 가방을 벗겨서 줄을 늘인 다음 자기 책가방 위에다 겹

쳐 놓았습니다.
 "학교 늦겠다."
 "그래, 빨리 가자."
 오누이는 한 우산을 받고 서둘러 학교를 향해 걸어갔습니다. 선순이가 뒤뚱뒤뚱 걸어갈 적마다 빨간 우산이 우쭉우쭉 춤을 추며 함께 걸어갔습니다.
 어찌 보면 한 떨기 철쭉꽃이 살아서 움직이는 것 같았습니다.
 오누이가 함께 받쳐 든 큰 철쭉 꽃송이가…….

(2022자)

소요시간	1독		2독		3독	
	분	초	분	초	분	초

지문 기억 및 이해도 측정문제(춤추는 빨간우산)

1. 이 글에서 나오는 사람은 몇 명인가?
   ① 1명
   ② 2명
   ③ 3명
   ④ 4명
   ⑤ 5명

2. 확실하게 비가 온다고 한 사람은 누구인가?
   ① 후택이
   ② 선순이
   ③ 어머니
   ④ 아버지
   ⑤ 친구

3. 어머니는 선순이를 내려놓으면서 어디에 간다고 했는가?
   ① 보리밭
   ② 딸기밭
   ③ 채소밭
   ④ 참외밭
   ⑤ 논

4. 후택이는 어디에서 비를 피하고 있었는가?
   ① 느티나무
   ② 미루나무
   ③ 잣나무
   ④ 큰 소나무
   ⑤ 전나무

5. 작가는 오누이가 쓰고 가는 우산을 무엇과 같다고 했는가?
   ① 진달래꽃
   ② 철쭉꽃
   ③ 칸나
   ④ 국화
   ⑤ 수선화

6. 선순이는 어떤 병을 앓았는가?

7. 후택이와 선순이는 쌍둥이인데 누가 손위사람인가?

8. 후택이의 비에 젖은 머리가 무엇 같다고 비유했는가?

9. 비는 언제 내렸는가?

10. 후택이는 왜 선순이와 같이 다니는 것을 꺼려했는가?

소요시간		1분당 읽은 글자수	이 해 도	1분당 독서능력
분	초			

파랑새

유럽의 벨기에에 있는 이 마을에도 크리스마스 전날 밤은 똑같이 찾아왔습니다. 집집마다 성탄 축하 파티가 벌어지고 성탄 축가가 울려 퍼졌습니다.

하지만 틸틸과 미틸의 집은 가난한 나무꾼의 집이었기 때문에 쓸쓸한 밤을 맞고 있었습니다.

틸틸과 미틸은 이웃집에서 벌어지는 일들이 마냥 부럽기만 했습니다.

그 때 이웃집 할머니가 찾아오셨습니다.

"얘들아, 혹시 너희 집에 파랑새가 없니? 우리 집 손녀딸이 앓고 있는데 파랑새를 보면 병이 나을 것 같다는 구나."

"할머니, 새는 있지만 파랑새가 아니고 비둘기예요."

"이거 큰일이네, 파랑새를 꼭 구해야 할 텐데……."

"저희가 파랑새를 한번 구해 볼께요."

"그래 주겠니? 그럼, 이 모자를 쓰고 다이아몬드를 왼쪽으로 돌려 봐라."

틸틸은 할머니가 시키는 대로 다이아몬드를 왼쪽으로 돌리자 빛이 쫙 비쳤습니다. 그러자 여러 요정이 튀어나와 사람처럼 말을 했습니다.

요정들은 할머니의 명에 따라 파랑새를 찾으러 떠났습니다.

빛의 요정은 제일 처음으로 '추억의 나라'로 틸틸과 미틸을 안내했습니다.

"할아버지! 할머니!"

"오, 우리 틸틸! 미틸!"

오래 전에 돌아가신 할아버지와 할머니가 아주 반갑게 맞아 주셨습니다.

거기서 놀다 돌아오려는데 할아버지와 할머니께서 새장에 넣은 파랑새를 두 아이에게 주셨습니다.

틸틸과 미틸은 기쁜 마음으로 파랑새를 들고 집으로 왔습니다. 그런데 집에 와서 보니 파랑새는 어느새 검은 새로 변해 있었습니다.

"밤의 궁전에 가면 혹시 파랑새를 찾을 수 있을 거야."

빛의 요정 말을 듣고 틸틸과 미틸은 밤의 궁전을 향해 떠났습니다.

집에 남아 있던 심술궂은 고양이는 파랑새를 찾으면 자기는 사람들에게 이용당할 거라고 생각했습니다. 그래서 파랑새 찾는 것을 방해하러 떠났습니다. 개는 고양이 의견에 반대하면서도 틸틸과 미틸이 걱정되어 따라갔습니다.

"밤의 여왕님, 곧 틸틸과 미틸이 파랑새를 훔치러 올 거니까 단속을 잘 하세요."

고양이의 말을 들은 밤의 여왕은 화를 몹시 내며 그러겠노라고 했습니다.

그런 것도 모르고 틸틸과 미틸은 밤의 여왕에게 파랑새를 구하러 왔다고 얘기했습니다.

"여기는 파랑새가 없으니 어서들 돌아가거라. 어서, 냉큼!"

밤의 여왕은 매우 쌀쌀맞은 목소리로 호통을 쳤습니다.

틸틸과 미틸은 자기들이 파랑새를 찾아보기로 했으나 문들을 어떻게 열지 몰랐습니다. 그런데 그 때 요정이 요술 모자의 다이아몬드를 돌려 열라고 가르쳐 주었습니다. 그래서 그대로 했더니 문이 스르르 열리며 유령이 갑자기 튀어나와 달려들었습니다.

"으악, 사람 살려!"

틸틸과 미틸이 잔뜩 겁을 먹고 도망치자, 빛의 요정은 빛의 방으로 데리고 갔습니다. 방안에는 예쁜 꽃들이 많이 피어 있고 수많은 파랑새들이 날아다니고 있었습니다.

"오! 파랑새가 여기 있었구나!"

남매는 파랑새를 새장에 넣어 그 방을 나섰습니다. 그런데 파랑새는 어찌된 일인지 금새 죽어 버렸습니다.

"아니, 세상에 이럴 수가!"

남매는 크게 실망하여 기운을 잃었습니다.

하지만 빛의 요정은 진짜 파랑새는 숲에 살 거라며 안내했습니다.

"나무왕님, 틸틸과 미틸이라는 아이가 파랑새를 훔치러 오고 있어요."

고양이가 나무왕에게 또 고자질하여 나무왕은 화가 잔뜩 나서 벼르고 있었습니다.

그런 것도 모르고 남매는 파랑새를 찾으러 숲 속으로 들어갔습니다.

"나무왕님, 파랑새를 찾으러 왔어요."

"없다! 이 놈들 안 되겠군. 애들아. 이 놈들 좀 혼내 주어라."

나무왕의 명령을 들은 숲 속 나무들과 동물들이 두 아이에게 덤벼들었습니다.

"아이쿠머니나!"

틸틸은 깜짝 놀라면서 요술 모자의 다이아몬드를 돌렸습니다. 그러자 갑자기 숲이 환해지면서 덤벼들던 동물들이 얌전해졌습니다.

그 숲 속에도 파랑새는 없었습니다. 그래서 '행복의 궁전'으로 가서 다시 파랑새를 찾아보기로 했습니다.

궁전 안은 오색 찬란한 보석들로 장식되어 으리으리했고, 식탁에도 맛있는 음식이 가득 차려져 있었습니다.

그런데 참 이상한 사람들이었습니다. 모두가 하나같이 뚱뚱했으니까요.

"배고픈데 이 음식 좀 먹고 갈까?"

"안돼요! 이 음식을 먹으면 게으름뱅이가 돼요!"

빛의 요정은 남매 앞을 막아서며 크게 말했습니다.

남매는 빛의 요정의 안내로 정원을 찾았습니다. 정원에는 행복의 천사들이 날고 있었습니다. 건강 수호천사, 정직 수호천사, 친절 수호천사도 있었습니다.

"틸틸과 미틸, 안녕?"

"어머나! 어떻게 우리 이름을 알고 있니?"

"우리는 너희 마음속에 살거든. 자, 저길 봐라."

행복의 천사가 가리키는 곳을 보자 거기에는 남매의 엄마가 서 있었습니다. 집에서보다 화려한 옷을 입고 있었습니다.

"엄마! 너무 아름다워요. 그런데 이게 어떻게 된 일이어요?"

"인간 세상에서는 가난한 엄마 모습이었지만 여기서는 행복한 천사란다."

엄마가 환하게 웃으면서 사랑이 깃든 목소리로 대답했습니다.

"저는 엄마가 제일 좋아요."

미틸이 엄마 품으로 달려들며 말하자, 엄마는 빙그레 웃으면서 점점 안개처럼 사라졌습니다.

"엄마! 어디로 가세요?"

남매가 울음 섞인 목소리로 엄마를 부르며 따라가려 하자 빛의 요정이 달랬습니다.

"엄마는 집에 가서 만나기로 해요. 그럼 또 '미래의 궁전'으로 가볼까요? 아마 거기에는 틀림없이 파랑새가 있을 거예요."

미래의 궁전은 모두가 파란 것 투성이었어요. 사람, 꽃, 물고기, 궁전도 모두 파란색이었습니다.

참 재미있는 일은, 궁전 안에는 새로 태어날 아이들이 세상에 나가기를 기다리고 있는 것이었습니다.

"저 아이는 화가가 될 거고, 저 아이는 수학자가, 또 이 아이는 박사가 될 거예요."

"둥둥둥!"

빛의 요정의 설명을 듣고 있는데, '시간의 할아버지'가 떠날 시간을 알리느라고 북을 울렸습니다.

그러자 각자 갈 집이 이미 정해진 아이들은 세상으로 가는 배를 탔습니다.

얼마 있다가 틸틸과 미틸 남매가 궁전을 나설 때 빛의 요정이 파랑새를 내밀었습니다.

"야아, 파랑새다!"

남매가 기쁨에 찬 환호성을 지르며 파랑새를 잡았습니다. 그러자 그 순간 파랑새는 빨강새로 변했고, 남매도 탔던 배에서 떨어져 땅으로 자꾸 떨어져 갔습니다.

"으악! 살려 주세요!"

"얘얘, 웬 잠꼬대가 그리 심하니?"

"휴우, 꿈이었구나!"

틸틸이 엄마가 깨우는 소리에 깜짝 놀라 눈을 떴습니다. 그 때 미틸이 선물이라며 파랑새를 내밀었습니다.

"와! 우리가 그렇게 찾아다니던 파랑새구나!"

틸틸이 너무 좋아서 크게 소리쳤습니다. 그 때 이웃집 할머니가 오셨습니다.

"할머니, 파랑새를 찾았어요."

"너희들이 파랑새를 찾았구나. 네가 우리 손녀에게 직접 보여 줄래?"

할머니의 손녀는 파랑새를 보자 금새 병이 씻은 듯이 나았습니다.

틸틸과 미틸은 파랑새를 하늘 높이 날려보냈습니다. 그러자 파랑새는 힘차게 날개를 치며 푸른 하늘로 날아갔습니다.

(2281자)

소요시간	1독		2독		3독	
	분	초	분	초	분	초

지문 기억 및 이해도 측정문제(파랑새)

1. 동화 '파랑새'는 유럽의 어느 나라를 배경으로 했나요?
    ① 스웨덴
    ② 덴마크
    ③ 벨기에
    ④ 프랑스
    ⑤ 영국

2. 파랑새를 찾기 위해 모자를 쓰고 다이아몬드를 어느 쪽으로 돌리라고 했나요?
    ① 왼쪽
    ② 오른쪽
    ③ 위쪽
    ④ 아래쪽

3. 파랑새를 찾는 것을 방해한 것은 누구인가요?
    ① 빛의 요정
    ② 개
    ③ 고양이
    ④ 빨강새
    ⑤ 할아버지

4. 미래의 궁전에서 찾은 파랑새는 무슨 새로 바뀌었나요?
    ① 노랑새
    ② 파랑새
    ③ 검정새
    ④ 하얀새
    ⑤ 빨강새

5. 파랑새는 어디에 있었나요?
   ① 밤의 궁전
   ② 숲 속
   ③ 미래의 궁전
   ④ 자기 집
   ⑤ 추억의 나라

6. 틸틸과 미틸은 파랑새를 왜 찾아 다녔습니까?

7. 밤의 궁전에서 파랑새를 찾기 위해 문을 열었을 때 무엇이 튀어나와 달려들었습니까?

8. 행복의 궁전에서 본 사람들은 몸이 어떠하였나요?

9. 인간 세상에서는 가난한 엄마 모습이었지만 행복의 궁전에서는 무엇이었나요?

10. 할머니의 손녀는 파랑새를 보고 어떻게 되었나요?

소요시간	1분당 읽은 글자수	이 해 도	1분당 독서능력
분 초			

민들레 나물

승환네 집에는 행복한 고민거리가 많습니다. 요번 얘기도 그런 것 중의 한 가지입니다.

승환네 식구는 새로 산 자가용을 몰고 고향엘 갔습니다. 운전은 아버지보다 먼저 면허를 딴 어머니가 하셨습니다. 아버지는 옆 좌석에 앉아서 조수를 하셨는데 말로는 아버지가 운전을 더 잘 하시는 것 같아서 식구들이 한바탕 웃었습니다.

집을 비울 때마다 집 지키는 사람은 일흔 살이 넘으신 할머니였습니다. 할머니는 당신이 집 지키는 세파또(세파트 : 개의 종류)라고 애교 섞인 불평을 하셨습니다. 하지만 차만 타면 십 리도 못 가서 멀미를 하시기 때문에 어쩔 수 없이 그러는 것이었습니다.

차는 중부고속도로를 달리다가 이천서 영동고속도로로 접어들어 여주를 거쳐 양평군 양동면까지 갔습니다.

고향 마을에 가니 시골 할머니와 삼촌네 식구들이 모두 나와 반겼습니다.

"못자리는 잘 됐니? 고추모도 병 없이 자라고?"

아버지가 삼촌에게 물은 첫마디였습니다. 아버지는 농사꾼 아들이라 그런지 늘 농사 걱정을 하셨습니다.

승환이는 모처럼 시골에 오니 기분이 좋았습니다. 공기도 단 것 같았고 바람도 단 것 같았습니다. 또 하늘도 더 높고 푸르러 보여 기분이 아주 상쾌했습니다.

고향의 봄은 좋았습니다. 논두렁이고 산이고, 밭머리, 개울이며 어느 것 하나 좋지 않은 곳이 없었습니다.

"승환아, 우리도 고추모가 자라는 비닐 하우스 구경가자."

"고추모 구경할 게 뭐 있어? 흔해 빠진 것을?"

승환이는 뭐 그런 것을 구경하느냐며 어이없다는 표정을 지었습니다.

승환네 식구는 삼촌네 식구와 함께 비닐 하우스로 나갔습니다.

"어머! 저 고추모 좀 봐요. 고추모들이 저렇게 예쁘게 자랐어요."
문이 열린 비닐 하우스를 들여다보며 승환이가 호들갑을 떨었습니다.
"와, 멋있다! 항상 새싹은 탐스럽고 우리에게 용기를 준다니까."
승환이 어머니도 고추모를 보고 감탄을 하셨습니다.
비닐 하우스 안은 후끈후끈했습니다.
"동생, 삽 어디 있나?"
"삽은 무엇하시게요?"
"이제 차가 있으니 민들레와 붓꽃, 질경이 좀 캐다가 서울집에 심으려고."
"풀 캐왔다고 어머니한테 혼나실 텐데……."
삼촌은 싱글싱글 웃으면서 삽을 찾다가 아버지한테 건네주셨습니다.
"얘, 그 전에 우리 어려서 쓰던 시루와 자배기 있지? 그리고 작은 새우젓 독도 있지? 그것 하나씩만 줘라."
"괜히 어머니한테 시골 곳간 귀신 가져왔다고 쫓겨나시려고 그래요?"
"거기다가 이런 것을 심어 가지고 가면 어머니도 고향 친구를 만난 듯 반가워하실 거야."
아버지는 논두렁과 밭두렁에서 캔 들꽃을 시루에 심으셨습니다.
자배기는 색다른 어항으로 쓰고, 새우젓 독은 그냥 가져가 꽃을 꽂겠다고 하셨습니다.
아버지는 민들레꽃이 심어진 시루와 자배기, 새우젓 독을 깨지지 않게 트렁크에 잘 실으셨습니다.
고향에서 하루를 보내고 저녁이 되어 서울로 향했습니다.
"제수씨, 살림살이를 다 빼앗아가 죄송합니다. 다음에 올 때 깨지지 않는 고무 제품으로 사올께요."
"안 사오셔도 괜찮아요. 저희들이 사서 쓰지요, 뭐."
아버지와 작은어머니는 웃으면서 말을 주고 받으셨습니다.
승환네 식구는 작별 인사를 하고 서둘러 서울 집으로 떠났습니다.
서울 집에 와 싣고 온 물건을 하나하나 차에서 내려 집으로 들여가자 할머니의 눈이 금새 둥그래지셨습니다.
"아니, 애가 미쳤나! 떡 해 먹는 시루에다 웬놈의 풀을 이렇게 심어 갖고 왔어. 그리고 이 이 빠진 자배기와 새우젓 독은 왜 가지고 오노? 이 독만 보면 벌써 내 머리통이 찌근찌근 아프다. 이 독에다 새우젓 담아 이고 마을마다 팔러 다니던 생각하면……."

할머니는 잊었던 쓰린 추억이 떠올라 목이 메는지 말끝을 맺지 못하였습니다.

"어머니, 이런 화분 보셨어요? 고향 생각이 절로 나는 귀한 화분이죠? 추억의 화분이라고나 할까요? 아마 몇 십 만원 줘도 이런 화분 못 구할 거예요. 그리고 이 자배기에다 가재와 미꾸라지, 붕어를 기르면 어머니는 여기 앉아서도 고향 앞개울을 보시는 거나 마찬가지지요."

"그 쓰잘 데 없는 소리 작작 하려무나. 이 좋은 집에 귀신 붙은 물건만 끌어들이고 풀밭으로 만들 참이누? 웬놈의 민들레를 떡시루에다 떡하듯 심질 않나……!"

할머니는 아주 못마땅한 얼굴로 불평을 하셨습니다.

"저는 어머니 친구들을 데려와 무척 반가워하실 줄 알았는데……. 아, 이런 한국 토종 꽃이 얼마나 보기 좋습니까? 토종 꽃과 토종 그릇, 그리고 토종인 백의 민족 식구들. 하하하!"

아버지가 민들레가 심겨진 시루를 햇볕이 잘 드는 곳에 놓으며 일부러 큰소리로 말하셨습니다.

"아빠, 저도 이 민들레와 질경이를 심는 것보다는 칸나나 베고니아를 심는 게 낫겠어요."

승환이도 솔직한 표현을 하며 은근히 할머니 편을 들었습니다.

"너희들이 서양 노랑머리 애들이냐? 이거 뭔가 잘못 돼도 한참 잘못 됐지……. 안 그래, 여보?"

"그렇기는 하지만 민들레를 시루에다 심는 것은 너무하잖아요."

하루 종일 아버지가 하는 일을 말리지 않던 어머니도 한 마디 하셨습니다.

"사람도 참……. 어머니도 시간이 가면 다른 꽃보다 좋아하실 거야. 그리고 우리 승환이도 결국 자기가 서양인이 아니고 한국인이라는 것을 알게 될 거구."

아버지는 그 후부터 자고 나면 들꽃을 들여다보며 가꾸셨습니다. 또 자배기에는 시장에서 미꾸라지와 붕어, 다슬기, 작은 메기도 사다가 키우셨습니다.

시간이 흘러갈수록 화단에는 질경이가 초록색으로 덮였고, 시루에는 민들레가 꽃을 스물 다섯 송이나 피웠습니다. 노란 꽃이 탐스럽게 피고 파란 잎이 싱싱한 꽃 시루는 도시에서는 정말로 보기 힘든 명물이었습니다.

그런 어느 날이었습니다. 회사에서 돌아오신 아버지가 화난 목소리로 식구들을 부르셨습니다.

"모두들 이리 나와 봐!"

"왜요?"

"왜 들어오지 않고 밖에서 날리슈?"

승환이와 어머니가 놀라서 뛰어나왔습니다. 그 뒤에 할머니의 얼굴도 비쳤습니다.

"이 민들레 싹을 누가 이렇게 모조리 뜯었느냐 말이얏!"

"어, 정말! 저는 안 뜯었어요!"

승환이는 불똥이 자기한테 떨어질까 봐 손부터 내저으며 큰소리로 말했습니다.

"그것 말이냐? 싹이 야드르르한 게 나물해 먹기에 딱 맞아 내가 잘라서 한 줴기 삶아 놨다. 저녁에 무쳐서 애비 한 젓가락 먹이려구. 애비야, 너 어려서 생각 안 나니? 씀바귀, 고들빼기, 민들레 나물 등 쓴 것은 닥치지 않고 잘 먹던 것 말이다."

할머니가 어색하게 웃으면서 아버지 눈치를 살피셨습니다.

"아이쿠! 어머니이……!"

아버지는 더 이상 할머니에게 대꾸하지 않으셨습니다. 더 얘기해 봐야 말과 생각이 서로 통할 할머니가 아니었기 때문입니다.

"어머니는 그게 어째 먹는 나물로만 보일까? 우리는 추억의 화초로 어렵게 구해다 놨는데……".

"그렇지요, 여보. 시어머님 세대야 죽 먹기도 힘들었으니까 오직 먹기 위해 사시던 시대 아녜요. 그래서 우리 어려서는 인사가 '진지 잡수셨어요?' 였잖아요."

"아이구, 내가 참는 수밖에……. 할 수 없지. 어이구!"

아버지는 입맛을 쩝쩝 다시면서 쓴웃음을 지으셨습니다.

어머니와 승환이는 그제서야 조금 안도의 숨을 내쉬며 안으로 들어갔습니다.

아버지와 할머니도 집안으로 들어가셨습니다.

안에 들어가자 할머니는 얼른 냉장고에서 민들레 나물 무친 그릇을 가지고 와 아버지 앞에 내밀며 한 마디 하셨습니다.

"애비야, 이 민들레 나물 좀 한 젓가락 먹어 봐라. 옛날 너 어릴 때 나던 맛이 그대로 나는가. 내 입맛에는 제법 시골 맛이 나는데……."

할머니가 어느 새 젓가락을 가져와 민들레 나물을 조금 집어서 아버지 입에 넣으시며 칭찬 들으려는 아이처럼 순진한 눈빛으로 말씀하셨습니다.

"으으……!"

아버지는 억지로 입에 넣은 민들레 나물을 씹을 작정도 뱉을 작정도 아닌 듯 어쩔 줄 몰라하셨습니다.

그 모습을 보고 어머니와 승환이는 웃지도 못하고 쩔쩔매기만 했습니다.

(2605자)

소요시간	1독		2독		3독	
	분	초	분	초	분	초

지문 기억 및 이해도 측정문제(민들레 나물)

1. 승환네 식구는 새로 산 자가용을 몰고 어디를 갔나요?
   ① 양평
   ② 이천
   ③ 여주
   ④ 가평
   ⑤ 춘천

2. 아버지는 시골에서 어떤 것을 캐왔나요? 아닌 것은?
   ① 민들레
   ② 칸나
   ③ 붓꽃
   ④ 질경이
   ⑤ 들꽃

3. 자배기에 키우지 않은 물고기는 어느 것인가요?
   ① 미꾸라지
   ② 붕어
   ③ 다슬기
   ④ 메기
   ⑤ 송사리

4. 시루에는 민들레 꽃이 몇 송이나 피었습니까?
   ① 5송이
   ② 10송이
   ③ 20송이
   ④ 25송이
   ⑤ 30송이

5. 할머니는 무엇으로 나물을 만들었나요?
   ① 씀바귀
   ② 질경이
   ③ 민들레
   ④ 쑥
   ⑤ 냉이

6. 승환이네가 고향에 갈 때 운전은 누가 했나요?

7. 비닐 하우스에는 무엇이 자라고 있었나요?

8. 할머니는 왜 새우젓 독만 보면 머리가 아프다고 하시나요?

9. 승환이는 떡시루에 무엇을 심는 게 낫다고 했는가?

10. "여보, 시어머님 세대야 죽 먹기도 힘들었으니까 오직 먹기 위해 사시던 시대 아녜요. 그래서 우리 어렸을 때는 인사가 (   ) 였잖아요."에서 (   )에 들어갈 인사말을 쓰세요.

소요시간	1분당 읽은 글자수	이 해 도	1분당 독서능력
분 초			

빨강머리 앤

캐나다의 애본리라는 마을에 매슈와 매릴러라는 남매가 살았습니다. 두 사람은 결혼을 하지 않은 나이가 많이 든 남매였습니다.
"이제는 힘들어서 우리 힘으로는 농사를 지을 수가 없어요. 어디 부탁해서 사내아이를 한 명 데려와야지요."
"나도 그렇게 생각하고 있어."
매릴러는 이웃에 사는 스펜서 부인을 찾아갔습니다. 그리고는 일을 도와 줄 사내아이를 구해 달라고 부탁했습니다.
스펜서 부인이 여기저기 알아본 결과 며칠 후 사내 아이 한 명이 오기로 되어 있었습니다. 그 아이는 기차를 타고 온다고 했습니다.
매슈는 기쁜 마음으로 사내아이의 마중을 나갔습니다. 그런데 이게 어찌된 일일까요? 역에 사내아이는 보이지 않고 빨강색 머리의 여자아이만이 큰 가방을 들고 서 있었습니다.
'온다는 애는 어디로 갔지?'
매슈는 두리번거리면서 사내아이를 찾았습니다. 그때 그 빨강머리가 다가와 매슈에게 물었습니다.
"혹시 저를 찾는 매슈 할아버지 아니세요?"
그 말에 매슈는 깜짝 놀란 눈으로 그 여자아이를 쳐다보았습니다.
'이거 뭔가 일이 잘못 되었군.'
"오래 기다리셨죠? 제 이름은 앤이라고 해요. 이렇게 뵙게 되어 정말 반가워요."
"응, 그래……. 이거 큰일이군. 사내아이를 부탁했는데 여자아이가 오다니……. 하지만 일단 데리고 가는 수밖에 별 도리가 없군, 그래."
매슈는 앤을 마차에 태워 꽃이 많이 핀 오솔길로 돌아왔습니다.
"야아, 너무 멋지다! 할아버지, 이 길을 이제부터는 '하얀 길'이라고 부를래요."
앤이 마차 위에서 감탄했습니다.

"사내아이를 부탁했는데 이게 어떻게 된 일이어요? 여자아이는 밭일을 할 수 없잖아요?"

매릴러는 앤을 보고 깜짝 놀라면서 실망한 목소리로 매슈에게 말했습니다.

앤은 자기를 원한 게 아니라는 것을 알고 그만 울음을 터뜨리고 말았습니다.

다음 날, 매릴러는 앤을 데리고 스펜서 부인을 찾아가 따졌습니다.

"어머! 잘 되었군요. 저는 심부름 할 여자아이를 구하고 있었는데. 제가 데려갈게요."

그 집에 와 있던 심술궂은 블루엣 부인이 앤을 데려가겠다고 나섰습니다.

"아니예요. 앤은 제가 다시 데려가겠어요."

매릴러는 앤을 블루엣 부인에게는 보내고 싶지 않았습니다. 그래서 블루엣 부인이 노려보는 것도 모른 체하고 앤을 데리고 집으로 다시 왔습니다.

그래서 앤은 매슈, 매릴러와 함께 행복한 나날을 보냈습니다.

앤은 같은 또래인 발리 씨 댁의 다이애나와 친하게 지냈습니다.

9월이 되자 앤은 학교에 들어갔습니다. 또래들보다 뒤늦은 학교생활이었지만 금새 익숙해졌고 인기도 많았습니다.

"앤은 빨강 홍당무! 빨강 홍당무!"

장난꾸러기 길버트가 놀려댔습니다. 그래서 화가 난 앤은 석판으로 길버트의 머리를 내리쳤습니다. 그 뒤로는 앤은 길버트와 말도 않고 지내는 사이가 되었습니다.

어느 날, 앤은 친한 다이애나를 초대하여 딸기 쥬스를 석 잔이나 대접했지요.

"앤, 이 딸기 쥬스 참 맛있구나!"

다이애나가 칭찬을 하더니 일어나려고 하다가 비틀거렸습니다.

"야, 다이애나, 왜 그러니?"

"이제 집에 가야겠어……."

비틀거리는 다이애나는 숨이 가쁜지 제대로 말을 잇지 못했습니다. 앤은 다이애나를 어렵게 부축하여 집에 데려다 주었습니다.

"원, 이 세상에…… 이럴 수가!"

비틀거리는 다이애나의 모습을 본 어머니는 깜짝 놀라 앤을 나무랐습니다.

"앤, 어쩜 너는 다이애나에게 술을 먹일 수가 있니? 다이애나야, 저렇게 불량한 애하고는 다시 놀지 말거라."

앤을 슬펐습니다. 딸기 쥬스인줄만 알고 포도주를 주어 나쁜 애라고 욕을 먹었으니 그럴 만했습니다. 그 후 앤은 다이애나와 만나 놀 수 없었습니다.

그러던 어느 날이었습니다. 매릴러가 외출한 사이에 다이애나가 당황한 얼굴로 찾아왔습니다.

"큰일났어, 앤! 내 동생이 열이 펄펄 끓는 게 곧 숨을 거둘 것만 같아."

"애야, 마음을 가라앉히고 함께 가 보자."

매슈는 마차를 타고 의사를 부르러 갔습니다.

"다이애나, 너희 집에 빨리 가 보자!"

앤은 다이애나의 손을 잡고 얼른 달려가 다이애나의 동생인 메이를 정성껏 간호했습니다.

그러자 메이의 열이 조금 내려 위험한 고비를 넘겼습니다.

"고마워, 앤. 정말 고마워."

다이애나는 안도의 숨을 내쉬며 진심으로 고마워했습니다.

매슈가 의사를 모시고 왔을 때 메이는 앤의 간호 덕분에 잠을 자고 있었습니다.

"너는 참 침착하고 영리하구나. 네 간호가 아니었다면 메이가 큰일날 뻔했구나."

의사는 앤을 칭찬했습니다.

"그런 것도 모르고 내가 앤을 오해했구나. 이제는 맘놓고 다이애나와 놀아라."

다이애나의 어머니는 앤에게 미안하다는 말을 했습니다.

앤은 이제 맘놓고 다이애나와 뛰어놀 수 있게 되었습니다.

두 사람은 어느 날 보트가 있는 물가에서 숨바꼭질을 했습니다. 앤은 얼른 보트에 올라 머플러를 뒤집어쓰고 엎드렸어요.

그런데 이게 웬일입니까? 보트 바닥에 물이 들어와 고이기 시작한 것입니다. 보트는 점점 가라앉고 있었습니다.

"다이애나! 나 좀 살려 줘! 보트가 가라앉고 있어!"

"기다려! 내가 얼른 가서 어른들을 모시고 올께."

보트가 가라앉으면서 떠내려가다 큰 다리 밑을 지나게 되었습니다. 그 순간 앤이 다리 기둥에 매달렸습니다.

"다이애나! 빨리 와 줘. 보트는 가라앉고 나도 팔에 힘이 자꾸 빠지고 있어."

"앤! 조금만 버티면서 기다려!"

저쪽에서 길버트가 보트를 저어 오면서 소리쳤습니다.

"길버트, 고마워!"

앤은 길버트에게 고마운 마음을 가졌습니다. 하지만 지난 일을 결코 용서할 수 없었습니다.

세월이 많이 흘러갔습니다. 앤은 중학교를 졸업하고 선생님이 되기 위해 퀸 학원의 입학 시험을 치르기로 했어요.

매슈와 매릴러도 앤이 시험을 잘 보게 신경을 써 주었습니다.

"아저씨, 아주머니! 제가 퀸 학원에 합격을 했어요. 그것도 1등으로 합격했어요. 모두가 두 분 덕택이어요."

앤은 합격 통지서를 받고 너무 기뻐했습니다. 매슈와 매릴러도 기뻤습니다.

드디어 입학날이 되었습니다.

'내가 입학생을 대표해서 인사말을 잘 할 수 있을까?'

앤은 입학식장에 앉아 긴장하며 속으로 떨고 있었습니다.

곧 입학식이 시작되고 앤은 인사말을 시작했습니다. 그 때 누가 소리쳤습니다.

"앤, 잘하고 있어! 앤, 파이팅!"

같은 학원의 입학생이 된 길버트였습니다. 길버트의 말에 앤은 용기를 얻어 의젓하게 잘 끝내 큰 박수를 받았습니다.

앤은 퀸 학원 근처에다 방을 얻어 자취를 하며 학교에 다녔습니다. 애 본리에서는 학교가 너무 멀었기 때문입니다.

앤은 외로울 때마다 매슈와 매릴러에게 편지를 쓰며 지냈습니다.
앤은 열심히 공부했습니다. 그 결과 학교에서 줄곧 1등을 놓치지 않았어요.
또 많은 세월이 흘렀습니다.
앤은 끝내 1등으로 졸업을 했습니다.
앤은 대학에 갈 수 있는 장학금을 타게 되었습니다.
그리고 길버트는 2등으로 졸업을 하게 되었습니다.
"길버트, 진심으로 축하해!"
"축하는 앤 당신이 받아야지……."
앤과 길버트는 화해의 악수를 하고 같이 애본리로 돌아왔습니다.
매슈와 매릴러는 그 어느 때보다 앤을 반갑게 맞아 주었습니다.
앤은 대학 입학식 전까지 애본리에서 지내고 있었습니다. 어느 날, 앤이 정원에서 수선화를 다듬고 있을 때였습니다.
"매슈, 정신차려요. 매슈!"
집 안에서 다급한 외침이 들려 앤이 황급히 뛰어들어갔지요. 들어가 보니 매슈가 방바닥에 누워 일어날 줄을 모르고 있었어요. 그만 세상을 떠나고 만 거예요.
매릴러도 눈이 어둡고 건강이 나빠 혼자서 지내기가 힘들게 됐습니다.
'나를 키워 준 아주머니를 저버릴 수는 없어.'
앤은 대학가는 것을 포기했습니다.
마침, 마을 학교 교사 자리를 차지했던 길버트는 그 사정을 알고 그 자리를 앤에게 양보했습니다.
"길버트, 당신 취직 자리를 나에게 양보해 주어 정말 고마워."
앤은 길버트와 마음을 털어놓고 서로 진정한 친구가 되었습니다. 오래오래 행복하게 말입니다.

(2636자)

소요시간	1독		2독		3독	
	분	초	분	초	분	초

지문 기억 및 이해도 측정문제(빨강머리 앤)

1. '빨강머리 앤'은 어디를 배경으로 했나요?
   ① 캐나다 농촌
   ② 캐나다의 어촌
   ③ 캐나다의 도시
   ④ 미국의 농촌
   ⑤ 멕시코의 산골

2. 매슈는 역에서 앤을 왜 못 알아보았을까요?
   ① 사내아이라서
   ② 사내아이들이 많아서
   ③ 여자아이라서
   ④ 나이가 너무 많아서
   ⑤ 아무도 보이지 않아서

3. 매릴러 아주머니는 앤을 처음 보았을 때 어떤 심정이었나요?
   ① 희망찼다.
   ② 슬펐다
   ③ 실망했다
   ④ 화가 났다
   ⑤ 상쾌했다.

4. 다이애나 어머니가 앤과 놀지 못하게 한 이유는?
   ① 앤이 빨강머리이기 때문에
   ② 앤이 딸기주스를 먹였기 때문에
   ③ 앤이 술을 먹였기 때문에
   ④ 앤이 고아이기 때문에

5. 앤이 탄 보트가 가라앉을 때 누가 구해주었나?
   ① 다이애나
   ② 길버트
   ③ 매슈
   ④ 매릴러
   ⑤ 스펜서

6. 앤이 퀸 학원에 다닐 때 어떻게 숙식을 했나요?

7. 앤은 퀸 학원 졸업 때 몇 등으로 졸업하였나요?

8. 앤이 대학가는 것을 포기한 이유는 무엇인가요?

9. 장난꾸러기 길버트가 앤을 무어라고 놀렸나요?

10. 결국 앤과 길버트는 어떤 사이가 되었나요?

소요시간	1분당 읽은 글자수	이 해 도	1분당 독서능력
분 초			

닐스의 모험

유럽 북쪽에 있는 스웨덴이라는 나라 어느 마을에 닐스라는 소년이 살았습니다.
닐스는 무척 개구쟁이였습니다. 그의 이름을 들으면 제일 먼저 생각나는 게 '장난꾸러기'였습니다.
닐스네는 동물 농장처럼 가축이 많았습니다.
여러 마리의 닭, 거위, 소를 기르고 있었습니다.
개구쟁이 닐스는 집에서 기르는 가축들을 매우 못살게 굴었습니다.
"야, 야, 닐스가 온다. 어서 피하자."
"저 개구쟁이는 우리들만 괴롭히더라."
가축들은 닐스만 보면 겁먹은 표정으로 슬슬 피하곤 하였습니다.
어느 일요일이었습니다.
"닐스야, 엄마 아빠는 교회 다녀올 테니까 밖에 나가서 놀지 말고 집 잘 보며 가축들을 돌봐 줘라."
"예, 알겠습니다."
닐스는 대답은 잘했습니다. 하지만 부모님이 나가시자마자 좀이 쑤셔서 그냥 있을 수가 없었습니다.
'옳지! 오늘은 아버지가 안 계시니까 아버지의 총을 가지고 놀자. 히히힛!'
닐스는 총을 꺼내려고 서재로 가는데 부엌문 있는데 조그만 벌레 같은 게 보였습니다.
자세히 보니 그것은 난쟁이였습니다.
"하, 고놈 신기하네! 키는 겨우 한 뼘이 될까말까한데 얼굴은 주름 투성이잖아? 옳지, 오늘은 저 놈을 잡아서 가지고 놀아야겠다.
닐스는 얼른 잠자리채를 내려서 그 난쟁이를 덮쳤습니다. 난쟁이는 꼼짝없이 잠자리채 속에 갇히고 말았습니다.
"얘 닐스야, 나를 제발 놔 줘라. 나는 너희 집을 위해 애썼는데 이게 무슨 짓이니? 어서 나를 놔 줘라."

"커다란 금돈을 한 닢 주면 살려 주지."

"정말이지? 그렇다면 내가 커다란 금돈을 줄게. 어서 이 잠자리채를 치워."

"정말 약속하는 거다."

닐스는 난쟁이를 믿고 잠자리채를 들어올렸습니다. 그러자 난쟁이는 순식간에 사라졌습니다.

그런데 참 이상한 일이었어요. 그 순간부터 주위의 물건이 엄청나게 커지는 것이었습니다.

알고 보니 닐스가 난쟁이의 요술에 걸려들어 아주 작아진 것입니다.

"난, 몰라! 내가 난쟁이가 되다니……. 이제는 말썽 피우지 않을 테니 하느님 용서해 주세요. 흐흐흑……!"

닐스는 울면서 빌었습니다. 하지만 작아진 자기 모습은 커질 줄을 몰랐습니다.

"야, 저기 맛있게 보이는 벌레가 있다."

"어디? 어서 잡아먹자."

닭들이 닐스한테로 쫓아오면서 떠들어댔습니다.

닐스는 겁이 나서 어쩔 줄 모르면서 간신히 피했습니다.

그 때 한 무리의 기러기 떼가 날아갔습니다.

"나도 같이 가자. 나는 늘 여행이 하고 싶었거든."

닐스네 집 거위 몰텐이 소리치면서 하늘로 날아오르려고 했습니다.

"몰텐! 너는 우리 집을 떠나면 안 돼. 너는 우리 집에서 제일 큰 거위니까."

닐스는 엉겁결에 몰텐의 목을 꽉 붙잡고 올라타면서 외쳤습니다.

그러나 몰텐은 이내 하늘로 날아올랐습니다. 닐스도 몰텐의 목을 끌어안고 등에 앉은 채 하늘 높이 올라가 있었습니다.

닐스는 거위 등의 깃털 사이에 작은 몸을 꼭 파묻고는 땅을 내려다보았습니다.

땅에서만 걸어다니던 몰텐은 신바람이 났습니다.

"야야, 닐스야! 아래 좀 내려다 봐. 경치가 굉장히 아름답지?"
"……!"
하지만 집 생각도 나고 겁도 난 닐스는 대답이 없었습니다.
몰텐은 큰 덩치 때문에 그런지 자꾸만 기러기 떼에서 뒤쳐지기 시작했습니다.
기러기 떼들은 거위가 따라오는 것을 재미있어 하면서 저희들끼리 얘기를 주고받았습니다.
"저 뚱뗑이 거위가 언제까지나 따라올까?"
"글쎄 말이야. 그거야 잘 알 수 없지만 곧 지치지 않겠어. 우리도 이렇게 날개 짓 하기 힘든데 저 덩치에 처음 날아보는 거니까 말이야."
"두고 봐야지, 그렇게 일방적으로 남을 얕보는 것은 좋지가 않아."
기러기 떼의 우두머리인 아카가 말했습니다. 아카는 암기러기로 나이가 무려 백 살이 넘었습니다.
"자, 이제 날갯죽지가 아프니 저 아래 호숫가에 내려서 좀 쉬었다 가자."
기러기 떼는 호수에 내려 먹이 사냥을 하면서 쉬었습니다.
닐스를 등에 태운 몰텐도 조금 떨어진 자리에 내려서 날개를 쉬었습니다. 무리해서 따라오느라 온몸은 땀으로 범벅이 된 상태였습니다.
그 때, 흰여우 한 마리가 맨 끝에 앉은 기러기를 잡아먹으러 다가가는 게 몰텐의 눈에 띄었습니다.
"꽥꽥꽥! 여우다! 어서들 피해라!"
몰텐이 소리를 지르자 기러기들은 황급히 하늘로 날아올랐습니다.
"네 놈 때문에 맛난 먹이를 놓쳤잖아!"
여우는 몰텐을 향해 화난 모습으로 돌진해왔습니다.
"어머나! 내가 여우에게 잡혀 먹겠네. 닐스야, 어서 타. 빨리 도망치자."
닐스는 얼른 몰텐의 등에 올라탔습니다. 몰텐은 서둘러 날아오르려고 했지만 맘대로 잘 되지 않았습니다.
거의 여우 입에 몰텐의 몸이 닿으려고 할 때였습니다.
"거위야, 조금만 더 힘을 내!"

"날개를 더 빨리 파닥여 봐!"

공중에 떠 있는 기러기들이 안타까운 몸짓으로 빙빙 돌면서 소리쳤습니다.

"에잇!"

몰텐은 있는 힘을 다해 힘차게 날갯짓을 하자 신기하게도 그 큰 몸집이 두둥실 떠올랐습니다.

"야아, 이제야 살았구나!"

몰텐보다도 닐스가 더 좋아하면서 안도의 한숨을 내쉬었습니다. 물론 몰텐도 다행이라고 생각했지만 겉으로 내색을 않으며 의젓해 보이려고 애썼습니다.

"거위야, 고맙다. 정말 고마웠어."

여우에게 물려 죽을 뻔한 기러기가 인사를 했습니다.

"고맙기는? 그런 일이 내게 주어진 임무이자 책임인데, 뭘."

거위는 다시 어른스러운 말을 했습니다.

그 후부터 몰텐과 닐스, 그리고 기러기 떼들은 아주 친해지게 되었습니다.

밤이 되었습니다.

기러기 떼는 어느 숲 속에서 하룻밤을 쉬게 되었습니다.

거위와 닐스도 이제는 기러기 떼 사이에 끼어서 쉬게 되었습니다.

"거위야, 너는 왜 우리를 끝까지 따라오려고 하는 거니?"

기러기 떼 우두머리 아카가 몰텐에게 물었습니다.

"나는 여행을 해 보는 게 평생 꿈이었거든. 그래서 너희들을 따라 나서게 된 거야."

몰텐이 기다렸다는 듯이 대답했습니다.

"난쟁이, 너는 무슨 이유로 우리를 따라왔니?"

다른 기러기가 닐스에게 물었습니다.

"나는 난쟁이가 아니야! 그냥 보통 사람이라구."

닐스가 난쟁이라는 말에 펄쩍 뛰었습니다.

"난쟁이가 아닌데 왜 그렇게 키가 작아?"

기러기들은 알 수 없다는 듯이 고개를 갸우뚱거리며 다시 물었습니다.

"내가 진짜 난쟁이를 잡으려다가 그 난쟁이의 마술에 걸려 이렇게 된 거야."

"……?"

기러기들은 닐스의 말을 믿어야 될지 어떨지를 몰라 눈만 깜빡이며 쳐다보았습니다.

"나는 날아가는 몰텐을 붙잡으려다가 등에 타고 이렇게 따라오게 되었어요. 그러니 제발 집으로 보내 주세요. 기러기 대장님, 제발 저를 데려다 주세요. 네, 기러기 대장님!"

닐스는 아주 간절하게 빌었습니다.

"그런데 이를 어떻게 하죠? 우리는 북쪽으로 더 날아가야 하거든요. 그러니 당신 집이 있는 남쪽으로는 가기가 곤란한데……."

한 기러기가 말했습니다.

"이를 어쩐담!"

닐스는 실망이 컸습니다. 온몸의 기운이 발끝으로 쏙 빠져나가는 기분이었습니다.

기러기 대장인 아카가 여러 기러기들을 주욱 둘러보면서 천천히 입을 열었습니다.

"여러분, 이 몰텐이라는 거위가 여우에게 잡혀 먹힐 뻔한 우리 기러기 단편의 목숨을 구해줬습니다. 그러니 우리가 북쪽으로 가는 것을 조금 늦추고 닐스를 데려다 주고 옵시다. 아마 며칠이면 될 것입니다."

기러기 우두머리 아카의 말을 듣고 닐스는 너무나 기뻐서 어쩔 줄을 몰랐습니다.

그러나 단편과 친해진 거위 몰텐은 서운했습니다. 기러기 떼들과 더 여행을 하고 싶은데 닐스 때문에 헤어져 다시 집으로 돌아가야 하니 말입니다.

"몰텐, 그렇게 너무 실망하지 말고 단편에게 우리와 같이 가서 살자고 말해 봐."

닐스가 조심스럽게 몰텐에게 말했습니다.

"그건 안 될 말이야. 알맞은 날씨를 찾아다니며 날아다니는 기러기가 어떻게 거위랑 함께 살 수 있겠어?"

몰텐이 고개를 저으며 닐스의 말에 대꾸했습니다.

"하기는 듣고 보니까 그렇기도 하네. 하지만 나는 엄마 아빠가 있는 집으로 꼭 돌아가야 해. 나는 기러기들과는 함께 살 수 없어."

닐스는 징징 울면서 몰텐에게 말했습니다.

"나도 네 마음 알아. 내 생각 같아서는 기러기 떼들과 더 여행을 하고 싶지만 네 뜻대로 집에 돌아가기로 하자. 내일 아침에 돌아가자."

몰텐은 이렇게 말하면서 친구처럼 닐스를 날개로 꼭 껴안아 주었습니다.

닐스도 몰텐이 고마워서 꼭 껴안았습니다.

드디어 이튿날이 되었습니다.

"자, 모두들 닐스네 집으로 다시 되돌아가자. 거기 갔다 와도 우리 여행이 그리 늦지는 않을 테니까."

기러기 우두머리 아카의 말에 기러기들은 군말 없이 이제껏 날아온 길을 되돌아 날기 시작했습니다.

기러기들의 안내를 받아 몰텐은 닐스를 태우고 자기가 살던 집으로 왔습니다. 닐스가 집 마당에 내리자 엄마와 아빠가 근심 어린 표정으로 기다리고 있었습니다.

"엄마, 아빠, 그 동안 제가 잘못했어요."

닐스가 울면서 부모님 품으로 와락 안겼습니다.

"오! 내 아들이 돌아왔구나."

부모님도 닐스를 반갑게 맞아 주었습니다.

닐스가 진심으로 뉘우치며 눈물을 흘리자 몸이 원래 대로 돌아왔습니다. 난쟁이한테 걸렸던 요술이 풀린 것입니다.

닐스는 요술쟁이 난쟁이가 고마웠습니다. 덕분에 모험도 하고 착한 사람이 되었으니까 말예요.

(3060자)

소요시간	1독		2독		3독	
	분	초	분	초	분	초

지문 기억 및 이해도 측정문제(닐스의 모험)

1. 닐스는 누구의 요술에 걸려 몸이 작아졌나요?
    ① 기러기
    ② 거위
    ③ 난쟁이
    ④ 아카
    ⑤ 몰텐

2. 닐스를 잡아먹으려고 쫓아온 것은 무엇인가요?
    ① 소
    ② 개
    ③ 닭
    ④ 거위
    ⑤ 기러기

3. 기러기 떼의 우두머리인 아카는 몇 살이 넘었습니까?
    ① 50살
    ② 80살
    ③ 100살
    ④ 120살
    ⑤ 150살

4. 거위는 왜 기러기를 끝까지 따라가려 했는가요?
    ① 여행이 평생 꿈이기 때문
    ② 기러기와 경주하기 위해서
    ③ 기러기처럼 나는 게 꿈이라서
    ④ 난쟁이를 만나 닐스를 요술에서 풀기 위해

5. 기러기들은 어느 쪽으로 날아가는가?
   ① 동쪽
   ② 서쪽
   ③ 남쪽
   ④ 북쪽
   ⑤ 남동쪽

6. 닐스는 어떻게 해서 난쟁이의 요술에서 풀려날 수 있었나요?

7. 닐스는 난쟁이로부터 무엇을 받기로 하고 난쟁이를 풀어 주었나요?

8. 거위가 구해준 기러기의 이름은 무엇인가요?

9. 닐스가 몰텐에게 기러기 단편에게 가서 우리와 같이 살자고 말하라고 했을 때 몰텐은 무어라고 대답했나요?

10. 닐스가 요술쟁이 난쟁이가 고맙다고 느낀 이유는 무엇인가요?

소요시간	1분당 읽은 글자수	이 해 도	1분당 독서능력
분 초			

엄마 찾아 삼만 리

　이탈리아의 제노바라는 도시에 한 소년이 살았습니다. 그 소년의 이름은 마르코였습니다.
　마르코네 집은 매우 가난하여 부모님들은 공장에 나가 하루 종일 일을 했습니다.
　어느 날이었습니다.
　마르코의 엄마는 집에서 다니지 못할 먼 곳으로 직장을 옮기게 되었습니다. 그래서 가족들과 헤어져야만 했습니다.
　가족들과 헤어지는 엄마의 슬픔은 너무 컸습니다. 또 마르코를 비롯한 가족들의 슬픔도 컸습니다.
　"마르코야, 엄마와 헤어져 있는 동안 아버지 말씀 잘 들어야 한다. 그러면, 엄마가 돌아올 때 멋진 선물 많이 사 올께. 알았지?"
　마르코는 눈물을 흘리면서 그러겠다고 했습니다.
　며칠 후였습니다.
　엄마를 태운 배는 아주 먼 남아메리카에 있는 '아르헨티나'라는 나라로 떠났습니다.
　"마르코! 아빠 모시고 잘 있어. 돈 많이 벌어 올께."
　엄마가 배 위에서 울면서 소리쳤습니다.
　"엄마아! 잘 다녀오세요!"
　마르코는 점점 멀어져 가는 배를 부두 끝까지 따라가며 울음 섞인 소리로 크게 외쳤습니다.
　엄마가 떠난 후 마르코는 아빠 말씀을 잘 들으며 잘 지냈습니다. 하지만 마음 한 구석은 늘 비어 있는 것만 같았습니다.
　어느 새 한 달이 지났습니다. 드디어 기다리고 기다리던 엄마의 편지가 왔습니다.
　편지를 보니, 엄마는 아르헨티나의 부에노스아이레스라는 도시에서 일하게 되었다고 했습니다.

그 곳의 어느 부잣집에 들어가 가정부 일을 하는데 집주인이 매우 친절하다고 했습니다.

"다행이구나. 먼 곳에 갔으니 마음 고생이나 덜 해야 할 텐데……."

아빠는 엄마의 편지를 보고 눈물을 흘리면서 기뻐하였습니다. 마르코도 마음이 놓였습니다.

편지는 그런 대로 자주 오갔습니다.

그런데 1년 후에 불길한 소식이 전해 왔습니다. 엄마가 몸이 불편해서 잠시 일을 하지 않고 쉬고 있다는 내용이었습니다. 그 후로는 소식이 뚝 끊겼습니다.

"이 사람이 어떻게 됐길래 연락이 없을까? 하, 그것 참……!"

걱정에 쌓인 아빠는 엄마와 같은 도시에 살고 있는 아빠의 사촌동생에게 편지를 보냈습니다. 그 동안도 사촌동생이 엄마 소식을 전해 주었기 때문입니다.

하지만 그 분에게서도 답장이 없어 걱정이 태산같이 쌓였습니다.

그래서 그 곳에 있는 이탈리아 대사관을 통해서 엄마가 있는 곳과 소식을 알아달라고 부탁했습니다.

하지만 대사관의 답장에도 엄마가 어디 있는지 모르겠다고 씌여 있었습니다.

마르코는 여러 날을 고민한 끝에 웃으면서 아빠에게 말했습니다.

"아빠, 제가 엄마를 찾으러 그 나라로 떠나면 안될까요?"

"뭐라구! 네 의지는 좋다만 어린 네가 어떻게……."

"그렇다고 이렇게 앉아서 근심걱정만 할 수는 없잖아요? 저는 엄마를 찾아내고 말겠어요."

아빠는 마르코의 결심이 굳은 것을 알고는 더 이상 말리지 못했습니다.

얼마 있다가 마르코는 아르헨티나로 떠나는 배를 탔습니다.

"마르코야, 용기를 내거라. 하느님이 너를 도와 줄거다."

"아빠, 엄마를 꼭 찾아서 돌아올께요. 그 동안 안녕히 계세요."

마르코와 아빠는 눈물로 작별을 하고, 마르코 혼자서 아르헨티나로 떠났습니다.

배는 굉장히 여러 날 동안 항해를 했습니다.

그 동안 마르코는 지칠 대로 지쳤습니다. 배 멀미가 나서 계속 토하고 나니 기운이 없어 축 늘어졌습니다. 마르코는 너무 처량해서 눈물을 뚝뚝 흘리면서 소리 없이 울었습니다.

"애야, 조금만 참아라. 잠을 좀 자 둬라. 그러면 멀미하는 게 가라앉을 거다."

옆에 계시던 할아버지가 마르코의 머리 밑에 자기 무릎을 넣으면서 부드러운 목소리로 말했습니다.

"고맙습니다. 할아버지!"

마르코는 염치 불구하고 할아버지의 무릎을 베고 잠을 푹 잤습니다.

그 할아버지는 마르코가 찾아가는 부에노스아이레스에서 먼 '로사리오'라는 도시로 아들을 만나러 가는 중이었습니다.

마르코는 할아버지와 얘기를 주고받으며 가니 지루함을 조금 잊을 수 있었습니다.

그 해 한 달이 지났습니다. 배는 그제서야 부에노스아이레스 항구에 닿았습니다. 마르코는 엄마를 만나기 위해 할아버지와 아쉬운 작별을 하였습니다.

마르코는 먼저 아빠의 사촌동생이 사는 곳을 찾아갔습니다. 그 곳은 여러 가지 물건을 파는 작은 가게였습니다.

"저는 이탈리아에서 온 마르코라고 합니다. 저는 메릴리 씨를 찾아왔는데요."

"그래? 그런데 어쩌니…… 메릴리 씨는 얼마 전에 돌아가셨는데……."

가게 주인 아주머니는 몹시 당황한 표정을 지으면서 마르코를 빤히 쳐다보았습니다.

"네! 돌아가셨다구요?"

마르코는 너무 뜻밖의 말에 깜짝 놀랐습니다. 그제야 메릴리 아저씨가 돌아가셔서 엄마의 소식도 끊겨진 것이라는 것을 알았습니다.

"메릴리 씨 집에서 일한 소년을 소개해 줄 테니 이야기해 봐라."

마르코는 아주머니의 소개로 그 소년을 만나 이야기를 나누었습니다. 그 소년은 메릴리 씨 심부름으로 메키네스 씨 댁에 가곤 했는데, 그 집에 이탈리아에서 온 아주머니가 있었다고 했습니다.

"그 분이 바로 우리 엄마셔!"

마르코는 벌써 엄마를 만난 듯이 기뻤습니다.

"내가 그 집을 안내해 줄게. 가자."

마르코는 엄마를 만나러 가는 발걸음이 나는 듯이 가벼웠습니다.

소년이 메키네스 씨 집에 가서 초인종을 누르자 예쁜 소녀가 나왔습니다.

"여기가 메키네스 씨 댁 맞죠?"

"그 분은 얼마 전에 이사를 가고 우리는 새로 이사를 왔는데요."

"네! 이사를 갔어요?"

마르코는 그 소리를 듣는 순간 온몸에 힘이 쏙 빠지는 것을 느꼈습니다. 그래서 그 자리에 털썩 주저앉고 말았습니다.

그러자 소녀가 자기 아버지를 모시고 나왔습니다. 그 분은 마르코가 찾아온 사연을 듣더니 엄마가 계신 곳을 가르쳐 주었습니다.

거기서 수백 킬로미터 떨어진 로사리오라는 도시의 코르도바 라는 곳이었지요.

그 분은 실망하는 마르코에게 편지 한 통을 적어 주면서 용기를 북돋워 주었습니다.

"항구에 가서 내가 여기다 적은 이 사람을 찾아 전해 줘라. 그러면 네 얘기를 적은 것을 보고 꼭 도와줄 거다."

"아저씨, 정말 고맙습니다."

"그래, 꼭 어머니를 찾거라. 꼬마야, 힘을 내야 한다."

마르코는 거기서 작별을 하고 로사리오 항구에 도착했습니다. 도착해서는 코르도바를 향해 힘차게 걷기 시작했지요.

묻고 물은 끝에 드디어 메키네스 씨 댁을 찾아냈습니다. 긴장이 되어 벨을 눌렀습니다.

하지만 알고 보니 그 집 가족은 모두 부에노스아이레스로 떠나고 없었습니다. 정말 절망적이었습니다.

"이제는 모두가 끝장이구나. 엄마를 찾아서 그렇게 먼길을 찾아왔건만……."

마르코가 실망해서 어찌할 바를 모르고 서 있는데 누군가가 곁으로 다가왔습니다.

"얘, 너는 마르코 아니냐?"

"할아버지! 할아버지가 어떻게……?"

아르헨티나로 올 때 배에서 만났던 그 할아버지였습니다. 마르코는 너무 반가워 엉엉 울면서 이제까지 있었던 일을 자세히 말씀드렸습니다.

"그렇게나 고생을 많이 했구나. 어린 것이 불쌍하지, 쯧쯔. 허나 너무 실망하지 마라. 내가 부에노스아이레스까지 갈 수 있는 차비를 마련해 볼 테니."

할아버지는 자기가 묵는 여인숙으로 마르코를 데리고 가서 자세하게 소개를 했습니다.

여러 사람들이 안타까우면서도 대견하다는 눈빛으로 마르코를 쳐다보았습니다.

"여러분이 이 소년에게 조금씩만 보태 주면 이 소년은 그리운 엄마를 만날 수 있을 것입니다."

"꼬마야, 용기를 가져라."

"참 기특하구나, 엄마를 찾아 이렇게 멀리까지 떠나왔다는 것이."

사람들은 용기를 북돋워 주며 차비를 마련해 줬습니다.

"고맙습니다. 정말 고맙습니다. 꼭 엄마를 찾고 가겠습니다."

마르코는 울면서 고마움을 표시했습니다. 그리고는 부에노스아이레스로 가는 기차를 탔습니다.

이제는 지칠 대로 지쳐 몸도 마음도 무겁기만 했습니다. 차 안에서 심하게 앓기까지 했습니다.

마르코가 어렵게 메키네스 씨 댁을 찾아서 초인종을 누르자, 그 집의 대꾸는 너무 뜻밖이었습니다. 얼마 전에 투쿠만으로 이사를 갔다는 얘기였습니다.

"투쿠만이라고요? 아아, 이럴 수가……. 물어 물어서 여기까지 왔는데……."

마르코는 울부짖다시피 했습니다.

"얘얘, 이제 마음을 가라앉히거라. 마침 옆집 아저씨가 내일 투쿠만으로 간다고 하니 그 곳에 가서 부탁해 보려무나."

마르코는 주인 아주머니의 말에 용기를 내어 옆집으로 가 부탁을 했습니다.

옆집 아저씨는 마르코의 부탁을 기꺼이 받아들였습니다.

마르코는 옆집 아저씨와 마차를 타고 길고 긴 여행을 계속했습니다. 여행하는 동안 잔심부름은 마르코가 자진해서 도맡았습니다.

투쿠만에 도착해 옆집 아저씨와 작별을 하고는 혼자 메키네스 씨를 찾아 나섰습니다.

"조금만 가면 그리운 엄마를 만날 수 있다! 쓰러지지 말자!"

마르코는 약해지는 자기를 채찍질하면서 걷고 또 걸었습니다.

드디어 메키네스 씨 댁에 다 닿았습니다.

"저는 이탈리아에서 온 마르코인데요, 제 엄마 좀 불……."

마르코는 말을 다 마치지 못하고 그만 쓰러졌습니다.

메키네스 씨는 마르코를 들어 안고 마르코의 엄마가 누워 있는 방으로 갔습니다.

"이탈리아에서 마르코라는 어린애가 엄마를 찾아왔다고 하기에……."

"오, 마르코! 내 아들 마르코가 여길 어떻게……!"

마르코를 본 엄마는 자리에서 벌떡 일어나면서 외쳤습니다. 그리고 눈물을 펑펑 쏟았습니다.

그 바람에 마르코도 잃었던 정신을 차리고 눈을 번쩍 떴습니다.

"엄마! 엄마!"

마르코는 이 말 한 마디밖에 하지 못했습니다.

"마르코야! 마르코야! 네가 날 찾아 그 먼 길을 오다니……."

엄마는 마르코를 끌어안고 울면서 얼굴을 보고 또 보았습니다.

이제 어떤 일이 있어도 마르코는 엄마와 헤어지지 않을 것입니다. 영원토록…….

(3211자)

소요시간	1독		2독		3독	
	분	초	분	초	분	초

지문 기억 및 이해도 측정문제(엄마 찾아 삼만리)

1. 마르코는 어디에서 살았습니까?
   ① 이탈리아
   ② 스페인
   ③ 아르헨티나
   ④ 프랑스
   ⑤ 멕시코

2. 마르코의 어머니는 가족과 떨어져 어떤 일을 했나요?
   ① 공장일
   ② 가게
   ③ 가정부
   ④ 무역업
   ⑤ 회사원

3. 마르코의 어머니가 일한 집주인의 이름은 무엇인가요?
   ① 메릴리
   ② 메키네스
   ③ 마르코
   ④ 길버트
   ⑤ 투쿠만

4. 엄마의 소식이 끊긴 이유가 무엇이라고 생각하는가요?
   ① 엄마가 아파서
   ② 아빠의 사촌 동생이 죽어서
   ③ 엄마가 이사를 많이 다녀서
   ④ 엄마가 재가를 해서

5. 마르코가 배에서 만난 할아버지는 누구를 만나러 아르헨티나로 가는 길이 었나요?
   ① 아들
   ② 딸
   ③ 마누라
   ④ 손자
   ⑤ 동생

6. 마르코가 아르헨티나에 도착해서 맨 먼저 찾아간 곳은 어디인가요?

7. 코르도바에서 다시 만난 할아버지는 마르코를 어떻게 도왔나요?

8. 마르코는 엄마를 만나기 직전 투쿠만으로 갈 때 무엇을 타고 갔나요?

9. 마르코는 마침내 메키네스 씨 댁에 도착해서 어떻게 되었나요?

10. '엄마 찾아 삼만리'를 읽고 느낀 점을 쓰세요.

소요시간	1분당 읽은 글자수	이 해 도	1분당 독서능력
분 초			

빨간 구슬 파란 구슬

　옛날, 어느 산골에 형제가 살았습니다. 형은 욕심이 많고 동생은 마음씨가 착한 흥부네 형제 같은 형제였습니다.
　욕심이 많은 형은 부모로부터 물려받은 재산을 독차지하였습니다. 그래서 아주 부자로 잘 살았습니다.
　하지만 마음씨 착한 동생은 재산을 차지한 게 하나도 없어 매우 가난했습니다. 동생은 가난해도 불평하지 않고 열심히 살려고 노력했습니다.
　그런데 나라 전체가 어렵게 살던 때라 뼈가 부러지도록 일을 했지만 식구들을 먹여 살리기가 힘들었습니다. 그래서 하루는 형님 댁으로 양식을 조금 꾸러 갔습니다.
　"형님, 그 동안 안녕하셨습니까?"
　"그래, 그런데 무슨 일로 우리 집엘 왔니?"
　형은 벌써 동생이 온 사정을 다 짐작했다는 듯이 아주 퉁명스럽게 대꾸했습니다.
　"형님, 죄송스럽지만 양식을 조금만 꾸어 주십시오. 양식이 떨어져 집사람과 애들이 굶고 있습니다."
　"뭐얏! 양식을 꾸어 달라구! 젊은 놈이 멀쩡한 체구를 지니고 양식을 꾸러 와. 우리 식구들 먹을 양식도 빠듯한데 너한테 꾸어 줄 게 어디 있니? 없다, 없어!"
　"형님, 그러지 마시고 이번만 봐 주십시오. 다음에는 다시 꾸러 오지 않겠습니다."
　동생은 사정사정했습니다.
　"없다는 데도 쓸데없는 소리를 자꾸 하냐? 우리 식구들도 양식이 모자라 아침을 굶었으니까 그런 줄 알구 썩 꺼져라. 네가 정 안 간다면 내가 몽둥이로 때려서라도 내쫓겠다. 알았느냐, 이놈아!"
　형은 동생의 딱한 사정을 봐 주기는커녕 손을 홰홰 내두르면서 악을 쓰듯 큰소리로 호통을 쳤습니다.

동생은 하는 수가 없었습니다. 형의 고약한 성격을 잘 아는지라 발길을 돌리는 길밖에 없었습니다.
　괜히 더 이상 애걸을 하다가는 진짜로 형한테 몽둥이로 맞을 게 뻔했으니까요.
　'같은 형제인데도 형은 어쩌면 저렇게 몰인정할까?'
　마음씨 착한 동생이었지만 이 때만은 형이 정말 미웠습니다. 몹시 서운했습니다.
　동생은 기운이 하나도 없는 모습으로 터덜터덜 집으로 돌아갔습니다. 가는 길에 그는 길에 떨어진 이상한 것을 발견하고 눈이 번쩍 떠졌습니다.
　"아니, 저건 수수 이삭 아니야! 옳지, 하늘이 나를 도와주는구나. 이것이라도 주워다가 쪄서 먹어야겠구나. 이 만큼이면 우리 식구가 허기는 면하겠구나."
　동생은 좋아서 듣는 사람도 없는데 혼자 중얼거렸습니다. 그리고 흩어진 수수 이삭을 한 데 모아 끌어안고 집으로 향했습니다.
　하지만 동생은 조금 가다가 마음을 고쳐먹었습니다.
　'이것을 털어서 쪄봤자 식구들이 몇 순가락씩 뜨면 그만이지. 그럴 바에는 이걸로 수수떡을 만들어 시장에 내다 팔아야겠다. 그러면 아마 갑절은 남을 거야. 그 남는 돈으로 또 갑절의 수수를 사오고, 또 그 수수떡으로 돈을 벌어 수수를 사오고……. 이렇게 자꾸 되풀이하면 나도 금새 부자가 되겠는걸. 암 되고 말고, <u>호호호</u>.'
　동생은 생각만 해도 기운이 솟았습니다. 그래서 발걸음이 한결 가벼워졌습니다.
　그는 집에 와서 주워 온 수수로 떡을 만들었습니다. 떡을 만들 때 몹시 먹고 싶었지만 이를 악물고 꾹꾹 참았습니다.
　다 만들어진 떡을 가지고 시장으로 갔습니다. 이제 돈을 번다고 생각하니 콧노래가 저절로 나왔습니다.
　한참 가다가 그는 길가에 주저앉은 한 할머니를 보고 걸음을 멈췄습니다. 그 할머니는 동생을 보자 다 죽어 가는 아주 떨리는 작은 소리로 말을 붙였습니다.
　"여보게, 젊은이! 나를 좀 살려 주시오. 이 늙은이가 배고파 죽겠구려. 제발 나 좀 살려 주구려. 그러면 그 은혜는 잊지 않으리다."

늙은 할머니는 두 눈에 눈물이 그렁그렁하면서 간절하게 부탁했습니다.

착한 동생은 이 늙은 할머니를 보고 불쌍해서 그냥 지나칠 수가 없었습니다. 자기도 배가 고팠기 때문입니다.

동생은 자기가 배고픈 것도 참고 수수떡을 팔러 가는 것조차도 잊고 수수떡을 할머니한테 내주었습니다.

"젊은이, 정말 고맙소! 내 이렇게 맛있는 떡은 처음 먹어보오. 정말로 다 죽어 가는 늙은이를 살려 주어 고맙소. 이 은혜를 어떻게 갚지……."

할머니는 떡을 다 먹고 나서 몇 번이고 굽실거리며 고마움을 나타냈습니다.

"할머님도 참……. 무엇이 그리 고맙다고 이러십니까? 아무 염려 마시고 어서 가 보세요."

"내가 떡을 먹고 살아났는데 그냥 갈 수가 있나. 이 은혜를 어떻게 갚는다?"

할머니는 말을 마치고 눈을 지그시 감을 채 잠시 생각에 잠겼습니다. 그러더니 이내 좋은 수가 떠올랐다는 듯이 웃으며 입을 열었습니다.

"여보게, 젊은이! 내 말을 잘 들으시오."

"예, 할머니, 어떤 말씀인지 해 보십시오."

"저기 보이는 저 산꼭대기로 올라가시오. 그러면 거기 큰 소나무가 한 그루 서 있을 거요. 그렇거든 그 소나무 밑을 잘 살펴보시오. 그 곳에 분명히 파란 구슬 한 개와 빨간 구슬 한 개가 있을 거요."

"……?"

동생은 할머니의 말을 믿어야 할지 어떨지를 몰라 눈만 껌뻑이고 있었습니다.

"그런데 젊은이! 내 말을 잘 들어야 해요. 그 두 구슬 중 파란 구슬만 가져가시오. 욕심이 난다고 빨간 구슬을 가져가서는 안 되오."

"시키시는 대로 하겠습니다."

"그 파란 구슬을 가지고 집에 가 마당에다 한번 던져 보시오. 그러면 반드시 좋은 일이 있을 거요. 내 말 허술히 듣지 말고 어서 가 보시오. 그럼 나는 가오."

"예? 아, 예……. 잘 알겠……."

동생이 인사를 하려고 하는데 할머니는 간데 온데 없이 사라졌습니다. 참 이상한 일이었습니다.

"할머니 말씀을 믿을 수도 없고, 안 믿을 수도 없고……."
동생은 고개를 갸우뚱거리면서도 발길은 산꼭대기로 향했습니다.
"정말로 큰 소나무가 서 있네! 그럼 구슬을 찾아볼까?"
동생은 할머니의 말을 점차 믿으면서 구슬을 찾느라 소나무 밑을 샅샅이 뒤졌습니다.
"어, 저기 구슬이 있네!"
동생은 파란 구슬을 보고 소리치면서 달려가 얼른 주워 들었습니다.
"저기 빨간 구슬도 있네!"
동생은 빨간 구슬도 주우려다가 이내 할머니가 하던 말이 생각나 그만두었습니다.
동생은 신바람이 나서 한걸음에 집으로 돌아왔습니다.
"여보, 이제 돌아오세요?"
"아버지, 돈 많이 벌어 오셨어요? 그런데 양식은 한 줌도 안 사오셨어요?
부인과 아이들이 달려나와 맞으면서 한 마디씩 했습니다.
"양식 대신 이 것을 사왔다."
"그게 뭔데요?"
"에이, 배고픈데 무슨 장난감 구슬을 사오신담?"
동생은 식구들 얘기는 듣는 둥 마는 둥 한 채 마당에다 구슬을 던졌습니다. 그랬더니 이게 웬일입니까?
"음머어어!"
살이 투실투실한 큰 황소가 나타나 우뚝 서 있었습니다.
"어이, 이상하다!"
동생과 식구들의 눈이 화등잔만해졌습니다.
"다시 던져 보세요!"
아들의 재촉에 따라 동생은 다시 파란 구슬을 던졌습니다. 그랬더니 이번에도 어김없이 큰 황소가 나타났습니다.
"참, 신기한 일이네요! 자꾸자꾸 던져 보세요, 아버지!"
동생은 아들의 요청에 따라 자꾸 구슬을 주워서 던졌습니다. 그럴 때마다 어김없이 황소가 한 마리씩 나왔습니다.
이제는 마당이 큰 황소로 꽉 차 더 들어설 틈이 없었습니다.

착한 동생은 금새 부자가 되었습니다. 온 가족들은 너무너무 좋아했습니다.
소문은 참으로 빨랐습니다. 동생이 부자가 되었다는 얘기는 마을을 돌아 형한테까지 들렸습니다.
"그래! 그렇다면 내가 가서 부자가 된 까닭을 알아내서 나도 부자가 돼야지."
형은 마치 빚 받으러 가는 사람처럼 한 걸음에 달려가 부자가 된 까닭을 캐물었습니다.
착한 동생은 지금까지 있었던 일을 다 얘기해 주었습니다.
"그럼, 나도 어서 산꼭대기로 가 봐야겠군 그래."
형은 헉헉거리면서 산꼭대기로 올라가 구슬을 주웠습니다.
"바보 같은 놈. 저 빨간 구슬까지 주워 갔다면 더 큰부자가 됐을 텐데. 역시 머리가 좀 부족하단 말이야. 흐흐훗!"
형은 파란 구슬과 빨간 구슬을 다 주워 가지고 왔습니다. 그리고는 큰 집 마당에 들어서자마자 파란 구슬을 던졌습니다.
그랬더니 동생이 들려 준 대로 큰 황소가 나왔습니다.
"하하! 그것 참 신기하구나! 이번에 빨간 구슬을 던지면 뭐가 나올까?"
형은 빨간 구슬을 던졌습니다.
"아이쿠머니나!"
이번에는 황소 만한 호랑이가 나와 아까 나온 황소를 단숨에 잡아먹고는 어슬렁어슬렁 사라졌습니다
형은 뭔가 잘못됐다고 생각하면서 한 번 더 빨간 구슬을 던졌습니다. 그랬더니 아까와 똑같은 호랑이가 뛰쳐나와 큰 입을 쩍 벌렸습니다.
그러더니 벌벌 떨고 서 있는 형을 한숨에 집어 삼켰습니다. 참으로 순식간의 일이었습니다.

(2752자)

소요시간	1독		2독		3독	
	분	초	분	초	분	초

지문 기억 및 이해도 측정문제(빨간 구슬 파란 구슬)

1. 동생이 형에게 양식을 빌리러 갔을 때 형은 어떻게 하였나요?
   ① 밥을 주었다.
   ② 양식을 빌려주었다.
   ③ 떡을 주었다.
   ④ 돈으로 주었다.
   ⑤ 꾸어 주지 않고 오히려 역정을 냈다.

2. 동생은 돌아오는 길에 무엇을 주웠나요?
   ① 수수이삭
   ② 보리이삭
   ③ 벼이삭
   ④ 옥수수
   ⑤ 황소

3. 동생은 불쌍한 할머니에게 어떻게 했나요?
   ① 모른 체 지나갔다.
   ② 돈을 주었다.
   ③ 떡을 다 주었다.
   ④ 욕을 하며 때렸다.
   ⑤ 밥을 모두 주었다.

4. 동생이 산꼭대기에 올라갔을 때 무슨 나무가 있었나요?
   ① 느티나무
   ② 오리나무
   ③ 아카시아 나무
   ④ 소나무
   ⑤ 잣나무

5. 동생이 가지고 온 구슬의 색깔은 어떤 것인가요?
   ① 파란색
   ② 빨간색
   ③ 노란색
   ④ 하얀색
   ⑤ 검정색

6. 동생이 구슬을 마당에 던지자 무엇이 나왔나요?

7. 동생이 부자가 된 이유는 무엇인가요?

8. 형은 산꼭대기에서 어떤 구슬을 가져 왔나요?

9. 형은 결국 어떻게 되었나요?

10. 아버지의 재산은 누가 물려 받았나요?

소요시간		1분당 읽은 글자수	이 해 도	1분당 독서능력
분	초			

제 2 장 교과서 적용 훈련

교과서 적용 훈련과정은 이해도 및 기억력을 향상시키는 과정으로서, 독서훈련 과정이 끝나고 실시하도록 합니다. 선생님의 지시대로 훈련 과정을 성실하게 익히면 여러분의 암기과목 성적향상에 많은 도움이 될 것입니다. 열심히 훈련하여 습관이 될 수 있기를 바랍니다.

경찰관이 심문한 이유는 무엇일까요?

♥ 어느 화창한 휴일 오후, 다섯 살 난 아이를 동반한 김씨는 서울대공원에 차를 타고 나갔다. 공원 한가운데는 낮은 울타리를 두른 넓은 잔디밭이 있다. 김씨와 아이는 상의를 벗고 엎드려 누워 일광욕을 즐기고 있었다. 그러자 경찰관이 와서 김씨의 주소와 이름을 물었다. 김씨는 무엇을 위반한 것일까요? 상상력을 발휘해 생각할 수 있는 이유를 될 수 있는 한 많이 들어보자.

김씨가 위반한 것은 무엇?

코스모스 핀 언덕

가 　초가을로 접어들자 날씨가 아침 저녁으로 제법 선선했다. 학교 앞 언덕에는 코스모스 꽃잎들이 한 줄기 바람이 일 때마다 무슨 말들을 주고받는 듯 한들거렸다.
　마을 버스에서 내린 선영이는 저녁 햇살을 받으며 언덕에 올랐다. 노랗게 익어 가는 벼이삭을 떨어지는 노을빛은 <u>엷은 주홍색 양탄자</u>를 깔아 놓은 듯 들판을 물들이고 있었다.
　선영이는 늙은 소나무 아래에 앉아 자기가 다니던 나리 분교를 내려다 보았다. 녹색으로 칠한 학교 담벼락이 지는 햇살에 반사되어 더욱 선명하게 보였다.
　"운동장에 사람들이 많은 걸 보니 오늘도 영화 촬영이 있는가 보다."
　선영이는 혼자말로 중얼거리며, 학교 앞까지 늘어선 코스모스 물결에 시선을 옮겼다. 노을은 아까보다 더 짙어지고, 산 그림자가 논두렁을 덮기 시작했다.

나 　"선영아, 너 언제 왔니?"
　희찬이가 손을 흔들며 뛰어오고 있었다.
　"야, 덥다 더워. 뛰어왔는데도 내가 늦었는걸."
　희찬이는 이마에 맺힌 땀을 닦으며 씨익 웃었다. 코스모스 바람이 희찬이 머리카락을 살짝 건드리고 지나갔다.
　"나도 방금 왔어. 오늘은 촬영이 없니?"
　"응, 촬영은 있는데 좀 더 있어야 돼. 감독님께 말씀드리고 잠깐 나왔어."
　"촬영은 언제 끝나니?"
　선영이는 코스모스 꽃잎을 하나 따서 코에 대면서 물었다.
　"이번 주말이면 끝날 것 같아. 영화는 아직 완성되지 않았지만 여기서 찍는 장면은 오늘이 마지막이래."
　선영이는 깜짝 놀라며 자기도 모르게 손에 들고 있던 꽃잎을 떨어뜨렸다. 희찬이의 등뒤로 퍼져 있던 **노을**이 코스모스 꽃밭 위로 떨어지고 있었다.

|다| 선영이와 희찬이가 서로 알게 된 것은 여름 방학이 시작될 무렵이었다. 선영이가 다니던 나리 분교가 학생 수가 줄어 문을 닫게 되자, 방송국에서 학교를 영화 촬영소로 빌리게 되었고, 희찬이는 아역 배우로 따라 왔던 것이다.

 나리 분교에 영화 촬영을 위한 건물들이 세워지고 여러 가지 기구들이 들어서자, 나리 마을 아이들은 모두들 신기한 듯 쫓아다니며 좋아했다.

 "야, 나도 영화에 나올 수 있겠는걸."

 개구쟁이 준호가 제일 설치며 따라다녔다.

 그러나 선영이는 정들었던 학교에 낯선 사람들이 와서 주인 행세를 하는 것 같아 기분이 언짢았다. 운동장에는 자주 가지 않고, 마을 어귀에 있는 나리 언덕에서 학교를 내려다보㉠곤 하였다.

|라| 어느 날, 선영이는 나리 언덕에 올라가서 여느 때와 같이 학교 쪽을 내려다보았다. 어느 덧 나리 언덕에는 코스모스 꽃이 하나 둘 피어오르기 시작했다.

 "야! 벌써 꽃들이 피기 시작했네. 어쩜, 이리도 예쁠까?"

 선영이는 꽃잎에 얼굴을 가까이 대며 속삭이듯이 중얼거렸다.

 그 때, 저만큼 앞에서 어떤 아이가 코스모스 꽃을 똑똑 따면서 올라오고 있었다.

 ㉡"얘, 꽃을 따면 어떻게 하니?"

 선영이는 급한 마음에 소리를 버럭 질렀다.

 "아이쿠, 깜짝이야."

 사내아이는 움찔하면서 선영이를 이상하다는 듯이 쳐다보았다.

 "너의 것도 아닌데 왜 따는 거야?"

 그 아이가 영화에 출연하러 온 아이라는 것을 금방 알 수 있었기 때문에 선영이는 더욱 큰 소리로 말했다.

 "미안해, 난 꽃이 하도 예뻐서 몇 송이 딴 것 뿐인데……."

 사내아이는 어쩔 줄 몰라 하면서 꽃을 감추었다.

 "이리 내놔. 우리 아버지한테 이를 거야."

|마| 선영이의 당당한 태도에 사내아이는 약간 겁먹은 표정을 지으면서 손을 내밀었다. 그 아이가 내민 손에는 코스모스 꽃 두 송이가 놓여 있었다. 순간, 선영이는 자기가 너무 심하게 군 것 같아 웃음을 띠며 말했다.

"두 송이밖에 안 땄구나. 내가 너무 소리를 질러 미안해."
"아니야. 꽃을 딴 것은 내 잘못이야. 그런데 이 꽃들은 네가 가꾼 것이니?"
"아니, 우리들 모두 함께 가꾸었어. 이 꽃길은 나리 분교에 다니던 어린이 모두의 길이야."

바 선영이는 나리 분교 어린이들이 점점 줄어들면서 학교가 문을 닫게 되었다는 이야기와, 나리 분교에서의 마지막 식목일 행사로 코스모스길을 만들기로 하고 마을의 어른들과 함께 씨를 뿌리고 정성껏 가꾸어 왔다는 이야기를 들려주었다.

"네 이야기를 듣고 보니, 내가 정말 잘못했어. 정식으로 사과할께. 자, 악수……."

선영이는 그 아이의 손을 얼떨결에 잡았다 놓으며 얼굴을 붉혔다.
"내 이름은 희찬이라고 해."
"응, 나는 선영이야."
"우리, 앞으로 사이좋게 지내자."

사 주말이 되자 운동장의 건물들이 모두 철거되었다. 선영이는 희찬이로부터 주말에 떠난다는 이야기를 듣긴 하였지만, 막상 희찬이와 헤어지게 되니 <u>귀중한 선물</u>을 잃어버린 듯한 마음이 들었다.

"선영아, 서울 가서 너에게 편지 쓸께. 꼭 답장 보내 줘야 해."
"난, 편지 잘 못 쓰는데……."

선영이는 왜 자꾸 눈시울이 붉어지는지 알 수가 없었다.
"이거 받아. 그 동안 네가 가르쳐 준 별자리를 그린 그림이야."
희찬이는 그림을 건네주고 아무 말 없이 하늘만 바라보았다.
별 하나가 떠오른 초저녁 하늘에는 코스모스 꽃잎이 바람에 흩어지고 있었다.

소요시간	1독		2독		3독	
	분	초	분	초	분	초

지문 기억 및 이해도 측정문제(코스모스 핀 언덕)

1. 이 글에 대한 설명으로 틀린 것은?
    ① 사건 중심으로 이야기가 전개된다.
    ② 어린이들을 대상으로 쓴 글이다.
    ③ 유익하고 흥미로운 내용이다.
    ④ 실제로 있었던 일이다.
    ⑤ 작가가 지어낸 이야기이다.

2. 글(다), 글(라)의 중심내용은 무엇인가?
    ① 여름 방학의 시작
    ② 영화 촬영
    ③ 선영이와 희찬이의 만남
    ④ 코스모스꽃이 핌
    ⑤ 분교가 문을 닫음

3. ㉠의 '-곤'의 의미하는 것은 어느 것인가?
    ① 강조
    ② 추측
    ③ 반복
    ④ 단정
    ⑤ 비교

4. ㉡은 어떻게 읽어야 하는가?
    ① 놀리듯이
    ② 꾸짖듯이
    ③ 괴롭다는 듯이
    ④ 슬프게
    ⑤ 경쾌하게

5. 글(다)에서 밑줄 친 '귀중한 선물'이 뜻하는 것은 무엇인가?
   ① 편지
   ② 우정
   ③ 나리 분교
   ④ 선영이
   ⑤ 코스모스꽃

6. 글 (가)에서 초가을을 나타내는 사물 두 가지를 찾아 써라.

7. 이 글의 배경이 되는 계절은 언제인가?

8. 희찬이가 하는 일은 짐작할 수 있는 낱말 두 가지를 찾아 써라.

9. 글 (다)의 빈 칸에 알맞은 말을 써 넣으시오.

10. 글 (라)의 밑줄 친 '꽃잎'을 소리나는 대로 써라.

11. 나리분교에 영화 촬영소가 들어선 과정을 간단히 써라.

12. 글(나)에서 시간의 흐름이 나타난 문장을 찾아 써라.

13. 글(다)에서 선영이의 기분이 언짢은 까닭은 무엇인가?

14. (마)에 나타난 희찬이의 성격은 어떠한지 써라.

15. 글(마)에서 밑줄 '이거'가 가리키는 것은 무엇인지 구체적으로 써라.

소요시간	1분당 읽은 글자수	이 해 도	1분당 독서능력
분 초			

(가)　　　　**무 지 개**

지나가던 소나기가
㉠놓고 간 다리,

아롱다롱 일곱 색이
곱기도 하다.

어느 누굴 건너라고
놓은 다릴까?

하늘나라 선녀들을
건너랬을까?

아냐 아냐, 선녀 건널
다린 아니야.

선녀들이 곱게 곱게
짜 논 비단에

지나가던 소나기가
심술 피워서

햇볕에 ㉡사알짝
말리는 거야

(나)　　　**구름 가는 소리**

구름 가는 소리가 나나 안 나나
두 눈 감고 가만히 들어 보아라.
잠나라에 달님이 뜨나 안 뜨나.
꿈 속에서 가만히 살펴보아라.

박꽃 피는 소리가 나나 안 나나
두 눈 감고 가만히 들어 보아라.
꿈나라에 나비가 자나 안 자나.
꿈 속에서 가만히 살펴보아라

(다)　　　　가랑잎 편지

　　진종일 단풍잎에 ⓒ곱게 쓴 얘기
　　재잘대던 새들이 들려 줍니다.
　　아침마다 정답게 반겨 달라고
　　해님이 빠알갛게 써 놓았어요.

　　밤마다 은행잎에 ⓒ써 놓은 편지
　　지나가던 바람이 전해 줍니다.
　　저녁마다 찾아와 같이 놀자고
　　달님이 노오랗게 써 보냈어요.

소요시간	1독		2독		3독	
	분	초	분	초	분	초

지문 기억 및 이해도 측정문제(동시의 이해)

1. 이와 같은 글을 읽는 방법으로 바르지 못한 것은 어느 것인가?
   ① 장면을 떠올리며 읽는다.
   ② 분위기를 살려서 읽는다.
   ③ 행과 열을 구분하며 읽는다.
   ④ 높낮이를 고르게 하여 읽는다.
   ⑤ 운율을 살려 리듬감 있게 읽는다.

2. '구름 가는 소리'의 글감이 아닌 것은 어느 것인가?
   ① 구름
   ② 소리
   ③ 달
   ④ 박꽃
   ⑤ 나비

3. '구름 가는 소리'를 바르게 띄어 읽은 것을 골라라?
   ① 구름∨가는 소리가∨나나 안 나나
   ② 두 눈∨감고∨가만히∨들어 보아라.
   ③ 잠나라에 달님이∨뜨나 안 뜨나
   ④ 꿈 속에서∨가만히∨살펴보아라

4. '가랑잎 편지'에서 해님이 단풍잎에 곱게 쓴 얘기의 내용은 어느 것인가?
   ① 아침마다 정답게 반겨 주세요
   ② 저녁마다 찾아와 같이 놀아요
   ③ 재잘대는 새들에게 들려 주세요
   ④ 지나가는 바람에게 전해 주세요

5. '가랑잎 편지'의 분위기는 어떠한가?
   ① 우울하다
   ② 무섭다
   ③ 시끄럽다
   ④ 정겹다
   ⑤ 외롭다.

6. (가)시에서 ㉠놓고 간 다리가 나타내는 것은 무엇인가?

7. (가)시에서 사람이 아닌 것은 사람처럼 표현한 곳은 어느어느 연인가?

8. (나)시에서 밑줄 친 3행과 짝을 이루는 행은?

9. (다)시에서 나타난 계절은 언제인가?

10. (다)시에서 ㉡과 ㉢은 누구의 얘기와 편지인지 각각 써라.

11. '무지개'에 나타난 재미있는 생각을 찾아 써라.(2가지)

12. '무지개'에서 '사알짝'처럼 글자 수를 늘여서 표현한 까닭은 무엇인가?

13. '구름 가는 소리'를 낭독했을 때 운율이 느껴지는 까닭을 써라.

14. '가랑잎 편지'에 나타난 중심 생각은 무엇인지 간단하게 써라.

15. 시의 운율이란 무엇을 말하는가?

소요시간		1분당 읽은 글자수	이 해 도	1분당 독서능력
분	초			

에너지를 아껴 쓰자

<u>가</u> 우리는 ㉠<u>하루라도 에너지 없이는 살 수 없다.</u> 에너지는 우리의 의식주 생활에 없어서는 안 될 중요한 구실을 하며, 또 사람들이 경제 활동을 잘 할 수 있도록 해 준다. 지금, 우리 나라는 석유가 한 방울도 나지 ⓐ<u>않는데도</u> 석유를 많이 쓰는 나라가 되었다. ㉢<u>이것은</u> 우리의 경제적인 힘이 커지고, 생활이 넉넉해진 결과이다. 그러나 에너지의 대부분을 수입해야 하는 우리 나라로서는 에너지를 최대한 아껴서, 더 잘 사는 나라가 되도록 노력해야 한다.

그러면 우리가 에너지를 절약하는 방법에는 어떤 것들이 있을까?

<u>나</u> 첫째, 석유 소비량을 줄여야 한다. 우리가 ㉡<u>매년</u> 소비하는 석유의 양은 점점 늘어나고 있으며, 전체 에너지 사용량의 ⅔쯤 된다고 한다. 온 국민이 땀 흘려 번 돈으로 수입해 온 석유를 흥청망청 써 버린다면 어떻게 될까? 석유를 무한정 수입할 수는 없다. 그러므로 석유 소비량을 줄여야 한다.

<u>다</u> 둘째, 전력 소비량을 줄여야 한다.
㉢<u>무더운 여름에는 에어컨을 많이 사용하는데, 에어컨 한 대의 전력 소비량이 선풍기 서른 대와 맞먹는다고 한다.</u> 그러므로 될 수 있으면, 에어컨 대신 선풍기나 부채를 사용해야 한다. 그리고 추운 겨울에는 실내 온도를 1~2℃만 낮추면 연료를 10퍼센트 정도 줄일 수 있다고 한다. 실내에서는 온도계를 갖추어 수시로 온도를 점검하는 것이 좋다. 그리고 필요 없는 전등 하나를 끄면, ⓑ<u>그만큼</u> 돈도 절약할 수 있다.

<u>라</u> 셋째, 쓰레기를 분리해서 재활용해야 한다. 우리가 쓰고 버리는 물건들을 잘 분리해서 재활용하면, 전체 에너지 사용량을 평균 2~3퍼센트 정도 줄일 수 있다고 한다. ㉣ 쓰레기를 분리하여 버리는 것을 생활화하고, 재활용할 수 있는 물품들을 구입해서 사용해야 한다.

<u>마</u> 넷째, 대중 교통을 많이 이용해야 한다. 자가용 승용차 한 대에 한 명만 타고 가는 것보다 버스 한 대에 여러 명이 타는 것이 훨씬 에너지가 절약된다. 또, 많은 사람이 탈 수 있는 지하철을 이용하면

바 　　다섯째, ⓒ고갈되지 않는 에너지를 개발하여 이용해야 한다. 에너지를 절약하는 것도 중요하지만, 새로운 에너지를 개발하여 에너지를 효율적으로 이용하도록 해야한다. 우리가 지금 쓰고 있는 석탄, 석유 등은 언젠가는 없어지지만, 바람, 물, 태양 등은 없어지지 않는 풍부한 에너지 자원이다. ⓜ이러한 에너지 자원을 개발하여 이용한 것들에는 여러 가지가 있다. 먼저, 바람을 이용한 것으로는 풍력 발전이 있다. 이것은 바람의 에너지를 이용하여 풍차를 회전시켜서 전기를 발생시키는 것이다. 물을 이용한 것으로는 수력 발전, 조력 발전, 파력 발전 등이 있다. 이것들은 물의 에너지를 이용하여 발전기를 돌려서 전기를 발생시키는 것이다. 그리고 태양의 에너지는 그 양이 무한할 정도로 많다. 전남 여천과 마라도를 비롯한 여러 곳에 태양광 발전소를 세워 전기를 만든다고 한다. 이것들이야말로 무공해 에너지이고, 돈 안 드는 훌륭한 에너지이다. 따라서, 우리는 후손에게 물려줄 새로운 에너지를 개발하여 이용해야 한다.

사 　　지금까지 에너지를 절약하는 방법에 대하여 알아보았다. 이 다섯 가지만 보아도 에너지 절약의 중요성을 알 수 있다. 전등 하나라도 끄고, 플러그 하나라도 뽑아서 조금씩 에너지를
절약하면, 에너지 절약국 세계 제1위라는 명예도 얻을 수 있을 것이다. 에너지는 수입품이라는 생각으로 에너지를 절약하여, 선진국의 문턱에 들어설 수 있도록 우리 모두 노력해야 한다. 에너지 절약으로 잘 사는 나라를 꼭 만들어야 한다.

소요시간	1독		2독		3독	
	분	초	분	초	분	초

지문 기억 및 이해도 측정문제(에너지를 아껴 쓰자)

1. ㉠의 뜻으로 알맞은 것은 어느 것인가?
   ① 에너지는 필요하지 않다.
   ② 에너지 없이 살아야 한다.
   ③ 언제나 에너지가 필요하다.
   ④ 에너지 있으면 살 수 없다.
   ⑤ 하루만 에너지가 있으면 된다.

2. 다음 밑줄 친 부분이 ㉡의 '매'와 쓰임이 같은 것은 어느 것인가?
   ① 매일
   ② 매미
   ③ 매화
   ④ 매력
   ⑤ 매출

3. ㉢은 다음 중 어느 것에 해당되는가?
   ① 본 것
   ② 한 일
   ③ 들은 것
   ④ 생각한 것
   ⑤ 느낀 것

4. ㉣에 알맞은 이어 주는 말은 어느 것인가?
   ① 그리고
   ② 그러나
   ③ 물
   ④ 태양
   ⑤ 석유

5. ⓜ이 가리키는 것을 모두 골라라.
   ① 석탄
   ② 바람
   ③ 물
   ④ 태양
   ⑤ 석유

6. ⓐ를 두 낱말로 나누어 써라.

7. (가)의 중심 문장은?

8. (마)에서 대중 교통의 예로 든 것은 무엇무엇인가?

9. ⓑ의 뜻을 이 글에서 찾아 써라.

10. ⓒ와 바꾸어 쓸 수 있는 말을 글(바)에서 찾아 써라.

11. 석유 소비량을 줄여야 한다는 주장의 근거를 글(나)를 참고로 써라.

12. 글(다)에 나타난 전력 소비량을 줄일 수 있는 방법 세 가지를 써라.

13. 글(라)의 주장에 대한 실천 방법 세 가지를 써라.

14. 글(바)에 나타나 있는 태양 에너지의 좋은 점을 모두 써라.

15. 이 글 전체의 주장을 써라.

소요시간	1분당 읽은 글자수	이 해 도	1분당 독서능력
분 초			

가정 생활

◎ 생활의 보금자리

> 가정이란 무엇이며, 왜 소중한지 알아보자

　영호는 아버지께 가정은 어떻게 하여 이루어지는지 여쭈어 보았다. 아버지께서는 중요한 것을 생각했다고 하시면서 책장 속에서 사진첩을 꺼내셨다.
　첫 장에는 우리 가족 사진이 있었고, 그 다음 장에는 온 가족이 유원지에서 찍은 사진도 있었다.
　아버지께서는 미소를 띠시고,
　"가족들이 이렇게 한 집에서 모듬살이를 하며 살아가는 것을 가정이라고 한다."
고 말씀하였다.
　"아버지, 모듬살이가 무엇이지요?"
　영호가 다시 묻자, 아버지께서 설명해 주셨다.
　"사람이 살아가는 데 필요한 여러 가지 일을 혼자 힘으로 모두 해결하기는 어렵지 않겠니? 그래서 사람들은 여럿이 어울려 서로 도우며 살아가고 있지. 이처럼 어울려 사는 것을 모듬살이라고 한단다. 모듬살이에는 가정 이외에도 학교, 회사, 이웃, 고장, 나라, 그 밖의 모임 등 여러 가지가 있단다. 그 중에서도 가정은 모든 모듬살이의 기본이 된다고 할 수 있지."
　"가정이 모듬살이의 기본이 된다는 말씀은 무슨 뜻이에요?"
　"여러 집이 모여서 우리 마을을 이루지 않니? 그리고 우리 마을과 이웃 마을들이 모여 고장이 되고, 여러 고장이 모여 한 나라를 이루게 되지. 그러니까 가정은 모든 모듬살이의 기본이라고 할 수 있단다."

♣ 우리들이 속해 있는 모듬살이를 적어 보고, 그 중에서 내가 속해 있는 모듬살이를 찾아서 그 특징을 말해 보자.

우리들이 속해 있는 모듬살이

    영호는 또 옛날과 오늘날의 가정 생활에 대하여 아버지께 여쭈어 보았다.

영 호 : 아버지, 옛날의 가정 생활은 오늘날과 많이 달랐겠지요? 옛날의 가정 생활은 어떠했어요?

아버지 : 옛날에는 남자 어른인 할아버지나 아버지가 가정을 이끌어 나갈 책임을 졌단다. 여자 어른들은 집안에서 자식을 기르며 살림살이를 하였고, 자식들은 부모님의 가르침을 받으며 앞으로 가정을 이어 갈 준비를 하였단다. 그래서 가족들은 할아버지나 아버지의 말씀에는 무조건 잘 따르는 것을 도리로 여겼고, 남자를 여자보다 소중히 생각하였단다.

영 호 : 아버지께서도 어렸을 때에 할아버지 말씀을 잘 따르셨겠네요?

아버지 : 그럼, 아버지와 어머니 말씀을 따르는 것은 특히 중요한 일이었지, 한편, 너희 할아버지와 할머니께서 자식을 사랑하시는 마음은 누구도 따라갈 수가 없었단다.

소요시간	1독		2독		3독	
	분	초	분	초	분	초

지문 기억 및 이해도 측정문제(가정생활)

1. 여러 사람이 같은 일이나 목적을 가지고 어울려 생활하는 일을 무엇이라 하나?

2. 다음 중 가정의 의미와 관계가 없는 것은?
   ① 가족들이 한집에서 모듬살이를 하며 살아가는 것
   ② 모든 모듬살이의 기본이다.
   ③ 혈연관계로 이루어진다.
   ④ 모듬살이의 규모가 갈수록 작아진다.

3. 가정의 특징에 대하여 나열하시오.

4. 자녀와 그 부모만으로 이루어진 가족을 무엇이라 하는가?

5. 가정에서의 바른생활이 아닌 것은?
   ① 할아버지, 할머니, 부모님을 공경한다.
   ② 형제간에 사이좋게 지낸다.
   ③ 손님이 찾아왔을 때 예절바르게 행동한다.
   ④ 나의 할 일을 동생에게 미룬다.

6. 대가족과 핵가족의 차이점을 쓰시오.

7. 할아버지, 할머니, 어머니, 아버지처럼 한 부부가 중심이 된 가족을 무엇이라 하는가?

8. 오늘날 핵가족이 늘어나고 있는 이유가 아닌 것은?
   ① 산업의 발달
   ② 직업의 다양화
   ③ 도시의 집모양은 많은 식구가 살기에 좁거나 불편하다.
   ④ 가족끼리 서로 간섭받지 않고 사는 것을 싫어한다.

9. 새로운 가정이 늘고 있는 이유를 2가지만 들어보시오.

10. 한 가정 안에서 여러 세대가 함께 살아가는 것을 무어라 하나?

11. 가족의 짜임에 따른 가정의 형태 중 부모만 산다거나 형제끼리 사는 가정을 무어라 하나?

12. 아버지나 어머니의 핏줄로 연결되어 있는 사람들을 무엇이라 부르나?

13. 옛날과 오늘날의 가정 생활모습에서 같은 점이 아닌 것은?
    ① 부모가 자식을 돌보고 사랑한다.
    ② 부모에게 효도하고 형제끼리 우애한다.
    ③ 어려움이 있을 때 서로 도와준다.
    ④ 남자와 여자의 일이 각각 정해져 있다.

14. 옛날에는 대가족을 이루고 살았는데 이유를 2가지만 쓰시오.

15. 한 가정을 이끌어 가는 어른으로 대개 아버지가 맡는 역할은?

소요시간	1분당 읽은 글자수	이 해 도	1분당 독서능력
분 초			

가정의 살림살이

◎ 우리 집 가계부

가계부를 보고, 가정의 경제 생활에 대하여 알아보자

'9월 2일, 콩나물 500원, 고등어 2마리 2000원,……'
어머니께서 가계부를 적고 계셨다. 그 옆에서 공부를 하고 있던 영수는 무엇인가 곰곰이 생각하시는 어머니의 표정을 보고 조심스럽게 여쭈어 보았다.
"어머니, 무슨 생각을 하세요?"
"이 달에는 수입은 지난 달과 같은데 지출은 더 많으니, 어떻게 하면 좋을지 생각하고 있다."
어머니께서는 가계부를 보여 주시면서, 우리 집의 수입과 지출에 대하여 설명해 주셨다.

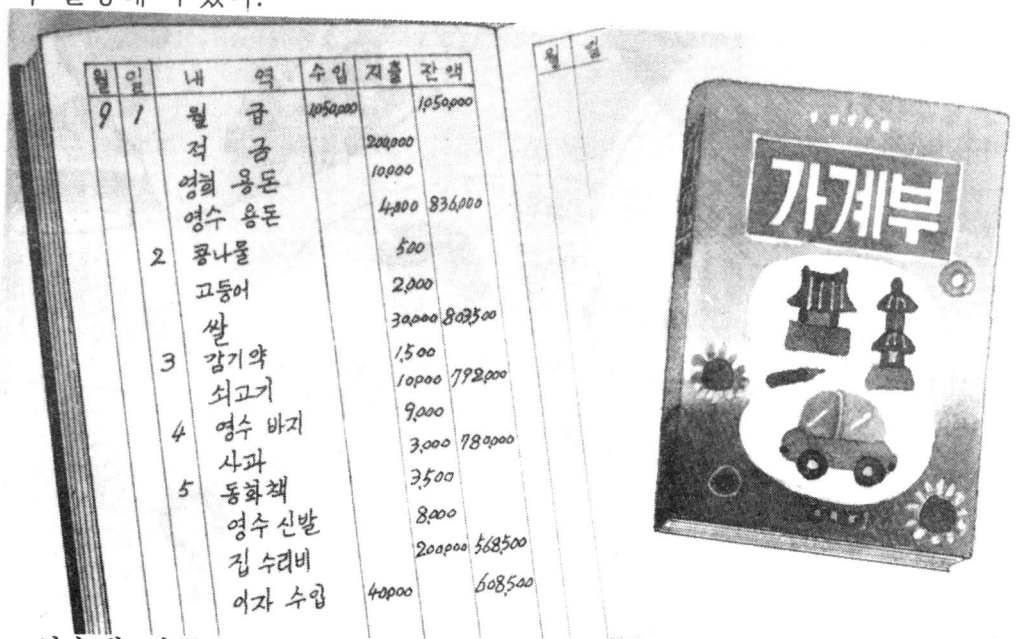

영수네 가족은 모두 4명이다. 그 중에서 돈을 벌어 오는 사람은 아버지 한 분이다. 아버지께서는 회사에 다니시고, 어머니께서는 집에서 살림을 하신다. 누나는 초등학교 6학년 학생이고, 영수는 4학년 학생이다.

영수는 살림을 알뜰하게 하기 위하여 애쓰시는 어머니를 보고, 어떻게 하면 어머니를 도와 드릴 수 있을까 생각해 보았다.

일정한 아버지의 수입으로 살아가려면 가족들이 쓰는 돈을 줄여야만 할 것 같았다. 그래서 지출을 줄이는 방법이 없을까 생각해 보았다.

영수는 우선 자신부터 용돈을 줄이면 어머니의 걱정을 덜어 드릴 수 있을 것이라고 생각했다. 그래서 용돈을 절약할 수 있는 방법이 무엇인지 조사해 보기 위해 8월의 용돈 기입장을 살펴보았다.

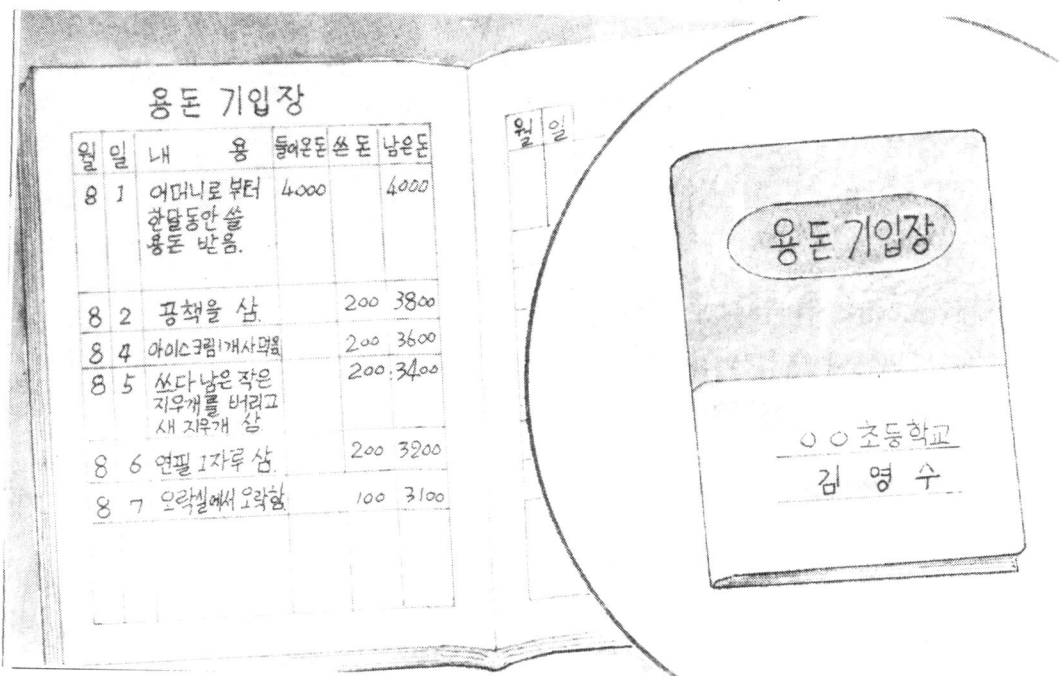

용돈 기입장에는 영수가 어떤 일에 얼마를 썼는지 자세히 적혀 있다.

영수는 8월 4일 학교에서 집으로 가는 길에 200원을 내고 아이스크림을 사 먹었다. 8월 7일에는 오락을 하는 데 100원을 썼다. 영수는 이 아이스크림을 사 먹지 않고 오락을 하지 않았다면 300원을 절약할 수 있었을 것이라고 생각했다.

♣ 우리가 용돈을 더 절약할 수 있는 항목에는 어떤 것들이 있는지 생각해 보자.

소요시간	1독		2독		3독	
	분	초	분	초	분	초

지문 기억 및 이해도 측정문제(가정의 살림살이)

1. 살림살이를 꾸려나가기 위해 돈을 벌어들이고 생활에 필요한 돈을 저축하는 가정의 경제활동을 무엇이라 하나?

2. 가계 소득에는 근로소득, 사업소득, 재산소득등 이 있는데 회사에서 일하고 받은 돈은 어디에 속하나?

3. 가계 소득을 늘리려는 까닭이 아닌 것은?
   ① 가정 생활의 수준을 높여주기 때문에
   ② 집을 넓히거나 교육비로 쓰기 위해
   ③ 현재 생활정도만 유지하기 위해
   ④ 앞으로 쓰일 돈을 마련하기 위해

4. 가계부란?

5. 가계부를 쓰면 좋은 점을 찾으시오.
   ① 필요 없는 지출내용을 잘 파악할 수 없다.
   ② 소득금액과 지출금액을 빨리 비교할 수 있다.
   ③ 한 가정의 살림살이의 내용을 잘 모른다.
   ④ 낭비 습관을 막는다.

6. 합리적은 가계운영이 아닌 것은?
   ① 소득금액이 소비금액보다 적다.
   ② 저축하는 습관을 가진다.
   ③ 꼭 필요한 지출인지 확인하고 쓴다.
   ④ 만족도가 큰 것을 선택하여 구입한다.

7. 슬기로운 소비생활이 아닌 것은?
   ① 꼭 필요한 물건인지 다시 생각한다.
   ② 제품의 장단점을 비교하고 산다.
   ③ 가격에 관계없이 자기 욕구에 맞춘다.
   ④ 잘 사용하여 수명이 길어지도록 한다.

8. 예금이나 돈을 빌려주는 일을 하는 농협,은행,새마을금고 등을 통틀어 무엇이라 합니까?

9. 은행에 예금하거나 다른 사람에게 빌려주었을 때 늘어나는 돈을 무엇이라 하나요?

10. 은행에서 하는 일은?
    ① 예금을 받는다.
    ② 돈을 빌려준다.
    ③ 돈을 다른 곳으로 보낼 수는 없다.
    ④ 세금이나 공공요금을 대신 받아 준다.

11. 은행에서는 다른 나라 돈을 우리나라 돈으로 바꾸어 주기도 하는데 이런 일을 무엇이라 하나요.

12. 돈을 예금하거나 송금할 때 신분을 확인하는 제도로 몰래 감추는 돈이 없도록 하여 깨끗한 돈 거래를 위해 1993년에 만들어진 제도는?

13. 저축이 필요한 이유를 세 가지만 들어 보시오.

14. 저축의 종류를 아는 대로 적어보세요.

15. 돈을 은행에 저축하는 것이 집에 보관하는 것보다 좋은 점은?

소요시간	1분당 읽은 글자수	이 해 도	1분당 독서능력
분 초			

취미와 여가 생활

1 사군자

> 우리 조상들은 어떤 놀이나 취미 활동을 하며 여가를 보냈는지 알아보자.

일요일 아침, 할아버지께서는 벼루에 먹을 갈고 계셨다.
"할아버지, 무얼 하시려고 먹을 가세요?"
혜경이가 여쭈어 보았다.
"할아버지는 지금 대나무를 그리려고 한단다. 대나무는 사군자 중의 하나이지."
"사군자가 무엇인데요?"
"응, 사군자란 매화, 난초, 국화, 대나무를 가리키는데, 우리 조상들이 여가를 이용해서 즐겨 그린 그림이야."
할아버지께서는 우리 조상들은 여가를 이용하여 그림 그리기와 글씨 쓰기를 즐겼다고 말씀하셨다.
혜경이는 할아버지께 우리 조상들이 여가에 즐겼던 놀이와 취미활동에 대하여 여쭈어 보았다.
"우리 조상들은 오랜 옛날부터 명절 때나 농사일을 하는 틈틈이 윷놀이나 농악놀이, 장기, 고누, 씨름 같이 놀이를 즐겼단다. 여자들은 특히 널뛰기, 그네뛰기, 수놓기 등을 많이 하였지. 너희들이 즐겨 하는 놀이 중에는 옛날부터 전해 오는 것도 많다."
할아버지께서는 어린이들이 즐기는 놀이에 대해서도 말씀해 주셨다.
혜경이는 할아버지의 설명을 듣고, 조상들이 여가에 즐긴 놀이와 취미 활동을 조사하여 정리해 보았다.

2 건전한 취미와 소질 계발

> 건전한 취미 생활은 우리에게 어떤 도움을 주는지 알아보자.

수정이는 우표를 모으고 있다. 우리 나라의 여러 가지 우표도 모으고, 외국 우표도 많이 모았다.

우표를 모으면서 배우는 것이 많다. 우리 나라 우표 그림에는 여러 가지 새나 문화재도 있다. 또, 기념할 만한 일이 있을 때 발행한 우표도 있다. 외국 우표를 보면, 그 나라의 자연이나, 역사, 여러 가지 풍습을 알 수도 있어서 공부에 도움이 된다. 수정이는 어른이 되어서도 우표를 계속 모을 생각이다.

같은 반 철수는 여러 가지 물건 만들기를 좋아한다. 용돈을 아껴 공작 기구를 사서 여러 가지 물건을 만든다.

시간이 나는 대로 과학 공작 기구를 조립하는 철수는, 어린이 과학 공작 대회에 나가서 우수한 성적을 거두었다. 철수의 꿈은 훌륭한 기계를 만드는 기술자가 되는 것이다.

취미 생활은 우리에게 여러 가지 이로움을 준다. 등산이나 축구와 같은 취미 생활은 건강에 이롭다. 또, 꽃꽂이를 하는 것은 그 사람의 마음을 따뜻하고 아름답게 해 주며, 즐거움을 준다.

좋은 취미 생활은 우리들의 마음을 살찌우고, 소질을 키워 주기도 한다. 그러나 취미 생활 때문에 자기가 해야 할 공부나 일을 소홀히 해서는 안 된다. 또, 취미 생활 때문에 건강을 해치거나 돈을 낭비해서도 안 된다.

취미 생활은 즐거운 생활을 위해 도움이 되어야 한다. 또, 공부는 물론 하는 일이 더 잘 되어야 하고, 건강에도 도움이 되어야 한다.

♣ 내가 하고 있는 취미 생활은 나의 소질, 나의 장래와 어떤 관계가 있는지 알아보자.

소요시간	1독		2독		3독	
	분	초	분	초	분	초

지문 기억 및 이해도 측정문제(취미와 여가생활)

1. 여가 생활에 대하여 설명하시오.

2. 여가 생활의 중요성에 대하여 2가지만 예를 들어보세요.

3. 옛날 어린아이들이 하던 놀이가 아닌 것은?
   ① 사방치기
   ② 공기놀이
   ③ 자치기
   ④ 게임(컴퓨터)

4. 우리 조상들의 놀이 중 실내에서 할 수 없는 것은?
   ① 장기
   ② 바둑
   ③ 윷놀이
   ④ 사방치기

5. 겨울철에 주로 하던 놀이를 고르시오.
   ① 씨름
   ② 팽이치기
   ③ 썰매타기
   ④ 그네뛰기

6. 일년 중의 그때 그때에 맞춰 옛날부터 내려오는 행사나 명절의식을 무엇이라 합니까?

7. 동양화에서는 주로 사군자라는 네 가지 소재를 많이 썼다. 그 네 가지는 무엇 무엇일까요?

8. 문방사우란 무엇일까요?

9. 조상들의 춤으로 주로 정월이나 추석에 둥근 보름달 아래서 부녀자들이 원을 그리며 추는 춤은?
    ① 검무
    ② 처용무
    ③ 강강술래
    ④ 탈춤

10. 옛날과 오늘날의 취미활동 중 같은 점을 두 가지만 쓰시오.

11. 오늘날 여가생활이 늘어나는 까닭이 아닌 것은?
    ① 생활이 편리해져 시간이 많다.
    ② 교통이 편리해졌다.
    ③ 경제적 여유가 있다.
    ④ 여가를 즐길 방법이 많아지고 있으나 모임은 점차 줄어드는 경향이다.

12. 좋은 취미생활이란?

13. 우리의 민속놀이 중 손에 알맞은 나무때기를 가지고 짤막한 나무때기를 쳐서 그 거리를 자질하여 승부를 겨루는 놀이는?

14. 농촌에서 정월보름날에 하던 놀이인데 농촌 생활이 바뀜에 따라 점점 사라지고 있는 놀이는?

15. 여가를 잘 보낼 수 있는 방법이 아닌 것은?
　① 돈을 많이 쓰면서 하는 사치스러운 취미 생활을 삼간다.
　② 자신의 적성을 생각하여 알맞은 취미활동을 골라한다.
　③ 자신의 적성과는 관계없다.
　④ 자신의 건강을 해치거나 생활의 규칙을 깨뜨리는 여가 활동은 잘못된 것이다.

소요시간	1분당 읽은 글자수	이 해 도	1분당 독서능력
분　　초			

학용품 고르기와 관리하기

우리가 학용품을 살 때, 품질이 좋은 것을 골라, 잘 관리하면서 쓰면 오래 쓸 수 있어 용돈을 절약 할 수 있다.

학용품을 소중히 다루고 아껴 쓰는 습관을 기르며, 자신의 물건을 스스로 관리하도록 하자.

♣ 학용품 고르기

학용품이나 선물 등 물건을 살 때에는 상품의 품질을 자세히 살펴보고 사야 한다. 상품에는 품질을 나타내는 여러 가지 표시가 있다. 물건을 살 때에는 될 수 있는 대로 품질 표시가 있는 것을 고르는 것이 좋다. 품질 표시가 있는 물건은 정부나 단체에서 물건의 품질을 인정한다는 것을 나타내기 때문이다.

(가) 학용품을 고르는 방법을 알아보자
  ① 사야 할 학용품을 정한다
  ② 사용할 곳을 생각하면서 가격, 크기 등을 정한다
  ③ 품질 표시를 찾아본다
  ④ 재료의 질이 좋은지, 튼튼하게 만들어졌는지 살펴본다
  ⑤ 색깔이나 모양이 좋은지 살펴본다
  ⑥ 국산품인지 외국산인지 확인해 본다

(나) 품질 표시가 나타내는 뜻을 알아보고 품질 표시가 붙은 물건을 찾아 적어 보자.

표 시	나타내는 뜻	품질 표시가 붙은 상품
㉿	일정 규격에 맞은 제품에 대하여 정부가 품질을 보증해 주는 표시	
품	소비자를 보호하는 뜻에서 단체가 제품의 질을 인정해 주는 표시	
Q	정부가 우량 상품을 생산하는 업체임을 인정해 주는 표시	
검	소비자가 제품을 사용할 경우, 안전이 필요한 제품에 한하여 사전에 검사했음을 알리는 품질 표시	
전	전기 제품에 한하여 안전한 제품임을 정부가 보증하는 표시	

소요시간	1독		2독		3독	
	분	초	분	초	분	초

지문 기억 및 이해도 측정문제(학용품 고르기와 관리하기)

1. 학용품이 아닌 것은?
   ① 컴파스
   ② 화선지
   ③ 크래파스
   ④ CD플레이어
   ⑤ T자

2. ㉠자 마크의 의미는?
   ① 정부보증
   ② 소비자단체 보증
   ③ 학교 보증
   ④ 정보통신부 보증
   ⑤ 국방부 보증

3. 학용품을 아껴 쓰면 좋은 점이 아닌 것은?
   ① 용돈 절약
   ② 물자 절약
   ③ 효도
   ④ 절약습성 함양
   ⑤ 소비 촉진

4. 품자 마크가 인정하는 것은?
   ① 제품의 모양
   ② 제품의 가격
   ③ 제품의 질
   ④ 제품의 견고성
   ⑤ 제품의 특성

5. 학용품 관리 방법이 아닌 것은?
   ① 깨끗하게
   ② 보기 좋게
   ③ 넉넉하게
   ④ 견고한 것으로
   ⑤ 항상 정리 정돈

6. KS마크란 소비자 보호단체가 제품의 질을 인정한다는 뜻이다. 맞는가? 틀리는가?

7. 학용품은 튼튼한 것보다 모양이 좋은 것이 좋은가? 나쁜가?

8. 외국산은 국산품에 비해 질이 좋으냐? 나쁘냐?

9. 작도 공부하는데 삼각자는 필요한가?

10. 그림 그리는데 파스텔은 필요한가?

11. 학용품이란?

12. 학용품을 살 때 주의할 점은?

13. 학용품에 품질 표시를 하는 이유는?

14. 학용품 관리란?

15. 학용품과 애국심 함양에 대하여 50자 이내로 서술하면?

소요시간	1분당 읽은 글자수	이 해 도	1분당 독서능력
분 초			

과일 다루기

　과일은 주스나 잼으로 만들어 먹기도 하지만, 대개는 껍질을 벗겨 알맞은 크기로 잘라서 생것으로 먹는다. 이렇게 먹어야 맛도 좋고 몸에도 좋다.

　과일을 생것으로 먹을 때에는 먼저 씻어야 한다. 껍질을 벗겨 먹는 과일을 씻지 않고 껍질을 벗기는 경우가 있는데, 이 때 껍질에 묻어 있던 농약이나 기생충 알, 더러운 것들이 껍질을 벗기는 동안 과일 살에 묻기 쉬우므로, 반드시 씻은 다음에 벗기도록 한다.

　과일을 씻을 때에는 흐르는 물에서 씻는다. 과일용 세제를 이용하기도 하는데, 세제를 많이 사용한다고 해서 더 깨끗이 씻어지는 것도 아니고, 오히려 환경을 오염시킬 수 있으므로, 적당량을 사용하여 세제가 남지 않도록 해야 한다.

　꼭지를 떼거나 껍질을 벗겨 먹는 과일은 씻은 다음에 꼭지를 떼거나 껍질을 벗기도록 한다. 왜냐하면, 우리 몸에 이로운 과일 속의 성분들은 물에 잘 녹으므로, 꼭지를 미리 떼거나 껍질을 벗긴 다음에 씻으면 물에 녹아 흘려 버려지기 때문이다.

<딸 기>

묽은 소금물에 넣어 가볍게 씻는다.   서너 번 헹궈 건져서 꼭지를 뗀다.

<포 도>

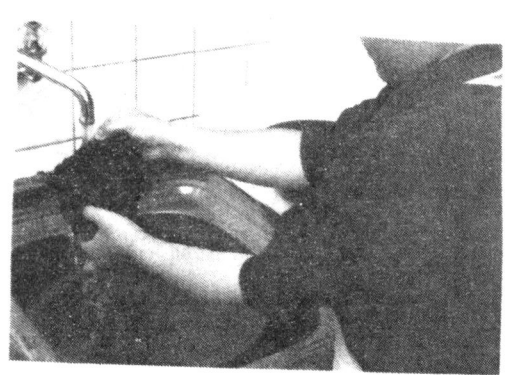 

흐르는 물에 담가 두었다가 씻는다.   송이를 자른다.

<감 귤>

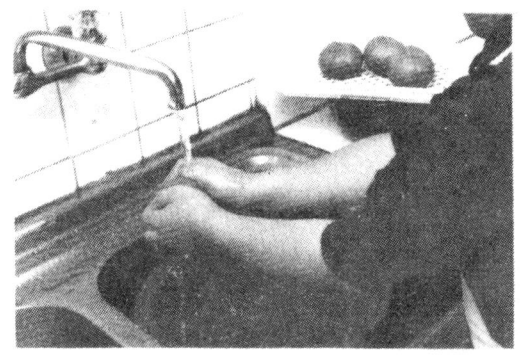
껍질째 씻는다.

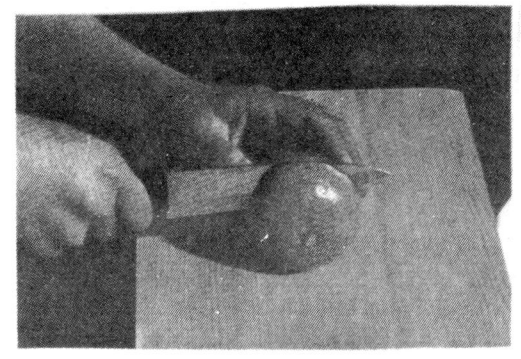
통째로 내거나 2등분 한다.

<사 과>

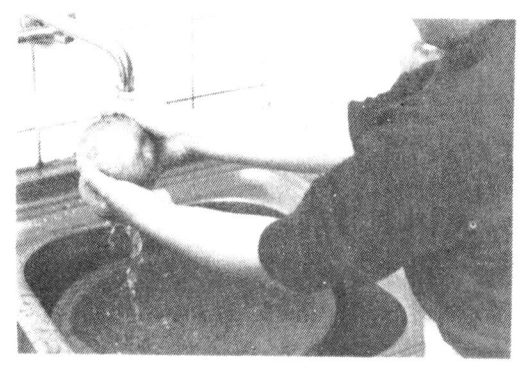
껍질째 씻는다.

알맞게 등분한 다음 껍질을 깎는다.

소요시간	1독		2독		3독	
	분	초	분	초	분	초

지문 기억 및 이해도 측정문제(과일 다루기)

1. 다음 중 과일이 아닌 것은?
   ① 사과
   ② 송이버섯
   ③ 배
   ④ 키위
   ⑤ 파인애플

2. 좋은 과일의 색은?
   ① 노란 빛
   ② 황금 빛
   ③ 파란 빛
   ④ 검은 빛
   ⑤ 초록 빛

3. 너무 익은 과일의 모양은?
   ① 탱탱하다
   ② 촉감이 있다
   ③ 탄력이 있다
   ④ 단단하다
   ⑤ 연하다

4. 과일을 생것으로 먹는 이유는?
   ① 야성미
   ② 지성미
   ③ 원초적 본능
   ④ 건강미
   ⑤ 백치미

5. 도마의 올바른 사용법이 아닌 것은?
   ① 수시로 살균한다.
   ② 잘 말린다.
   ③ 육류와 과일을 함께 사용한다.
   ④ 일광 소독을 한다.

6. 사과는 껍질을 어떤 상태에서 씻는 것이 좋은가?

7. 향기가 짙은 과일은 어떤 상태인가?

8. 환자에게 과일은 어떠한 효과가 있는가?

9. 열대과일은 우리 나라 사람에게 효과가 있나? 없나?

10. 파인애플 색깔이 변하는 것을 방지하는 것은?

소요시간	1분당 읽은 글자수	이 해 도	1분당 독서능력
분 초			

바느질 하기

(1) 바느질 용구와 사용법

바늘은 실을 꿰어 헝겊 조각을 꿰매는 데 쓰인다.

바늘과 실의 굵기는 옷감의 두께에 따라 다르게 사용한다. 두꺼운 옷감은 굵은 바늘과 실로 꿰맨다.

바늘은 바늘꽂이에 꽂거나 바늘집에 넣어 둔다.

실 끝을 실패 모서리에 끼워 두어야 실이 풀리지 않고, 다음에 사용할 때에도 편리하다.

큰 가위는 헝겊이나 종이 등을 자르는 데 사용한다.

마름질을 할 때에는 가윗날을 크게 벌려 옷감에 수직이 되게 대고, 한 번 가위질에 잘라지는 길이가 길게 되도록 한다.

쪽가위는 실을 자르거나 작은 부분들을 떼는 데 사용한다.

가위는 날을 꼭 물려서 가위집에 넣어 보관한다.

가위를 다른 사람에게 줄 때에는 날을 쥐고, 손잡이가 그 사람에게 가도록 해서 준다.

줄자는 치수를 재는 데 사용한다. 둘레 치수를 잴 때에는 줄자 끝의 '0'에 일치하는 눈금을 읽는다.

반듯하게 말아서 풀어지지 않게 하여 보관한다.

초크는 바느질선이나 자르는 선을 헝겊에 표시하는데 사용한다.

가루가 묻지 않도록 종이에 싸서 보관한다.

골무는 보통 바느질을 할 때에 집게손가락 끝에 끼고 바늘을 미는 데 사용한다.

서양식 골무는 반지 모양으로 가운뎃손가락에 끼우고 사용한다.

시침핀은 옷감과 옷감, 또는 종이와 옷감 등을 움직이지 않게 하는 데 사용한다.

바늘꽂이에 꽂아 보관하거나, 작은 상자에 넣어서 보관한다.

반짇고리는 바느질에 쓰이는 물건들을 모아서 정리하고, 안전하게 보관하는 데 사용한다.

(2) 헝겊의 종류와 올풀림

 헝겊은 섬유로 실을 뽑은 다음, 이 실을 이용해서 여러 가지 방법으로 짜서 만드는 것이 보통이다. 그러나 부직포나 펠트 같은 헝겊은 실 만드는 과정이 없이 섬유를 그대로 엉키게 하여 만든다.

♣ 헝겊은 만드는 방법에 따라 가위질한 부분의 올풀림 정도가 어떻게 다를까?

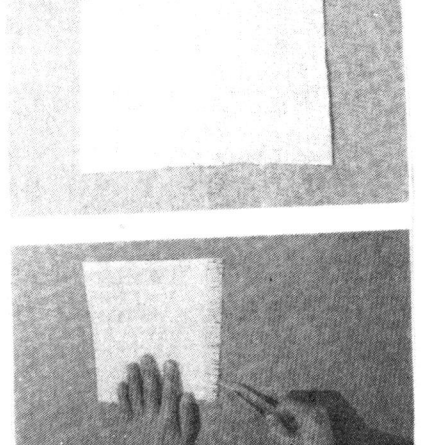
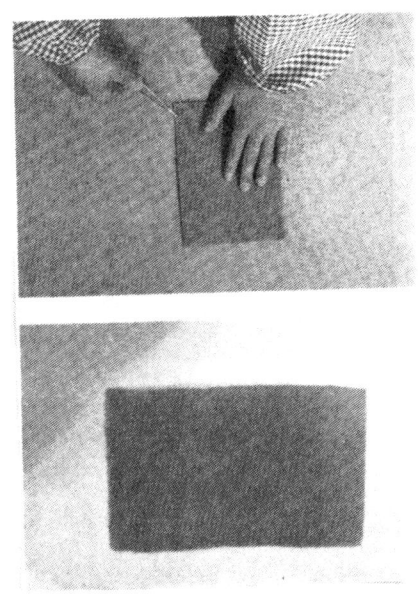

실을 이용하여 짜서 만든 옷감은 올이 풀린다.

섬유를 서로 엉키게 하여 만든 옷감은 올이 풀리지 않는다.

♣ 올풀림이 있는 옷감은, 마름질한 부분에 올풀림을 막기 위해 어떠한 처리를 할 필요가 있을까?

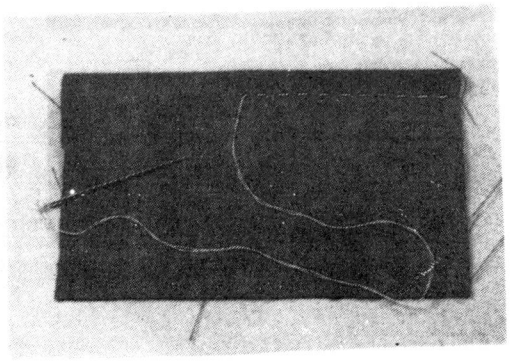

(3) 홈질 익히기

 바느질에는 손바느질과 재봉틀 바느질이 있다. 홈질은 손바느질로 가장 쉽게 할 수 있는 기본적인 바느질 방법이다.

♣ 홈질은 어떻게 하는 바느질인가?

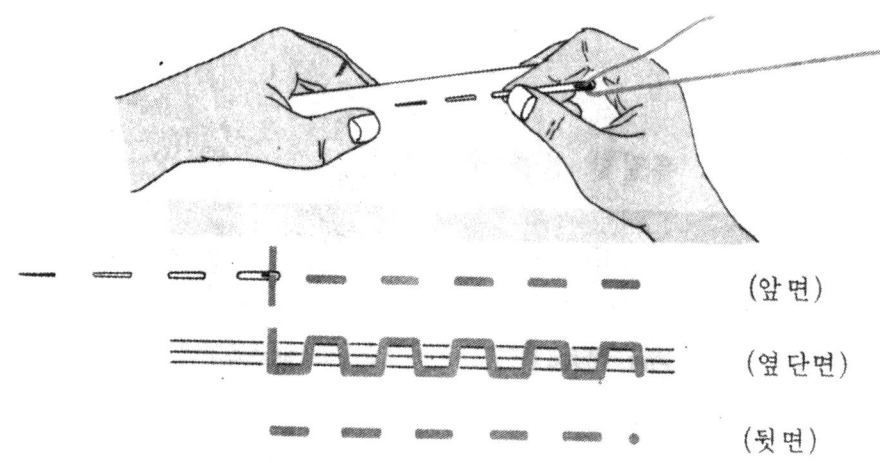

(앞면)

(옆단면)

(뒷면)

♣ 시침질은 어떻게 하는 바느질인가?
 시침질은, 바느질할 때에 2장의 헝겊이 밀리지 않도록 고정시키기 위한 바느질 방법이다.

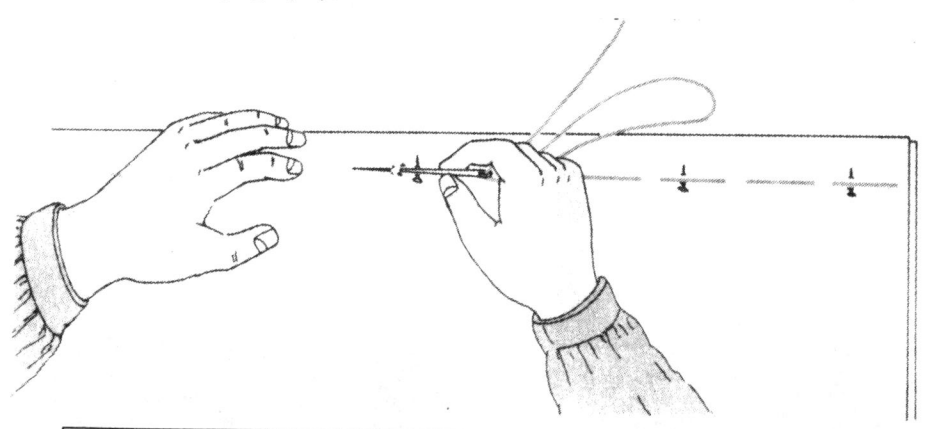

소요시간	1독	2독	3독
	분 초	분 초	분 초

지문 기억 및 이해도 측정문제(바느질 하기)

1. 바느질과 여성인권과의 관계는?
   ① 전혀 없다.
   ② 약간 없다(있다)
   ③ 매우 많다.

2. 남학생들이 본문에서 배운 바느질을 활용하는 곳은?
   ① 학교
   ② 가정
   ③ 자기 방
   ④ 애인 앞
   ⑤ 군대

3. 시침질이란?
   ① 올풀림 방지
   ② 바느질 선에 또 하기
   ③ 홈질 전의 작업
   ④ 바느질 선 바깥에 한다.
   ⑤ 실을 엉키게 한다.

4. 바느질 용구가 아닌 것은?
   ① 줄자
   ② 가위
   ③ 컨센트
   ④ 시침핀
   ⑤ 반짇고리

5. 단 너비로 적당한 것은?
   ① 1cm
   ② 1.3cm
   ③ 1.5cm
   ④ 1.8cm
   ⑤ 2cm

6. 바느질 용구?(5가지 이상)

7. 바느질을 자동 또는 반자동으로 할 수 있는 것은?

8. 골무란?

9. 바느질에 필요한 용구를 안전하고 편리하게 보관할 수 있는 곳은?

10. 자르거나 시침질 할 때 선 긋는데 필요한 것은?

소요시간	1분당 읽은 글자수	이 해 도	1분당 독서능력
분 초			

건강한 생활

우리의 몸과 마음이 어떤 상태일 때에, 건강하다고 말할 수 있을까요? 우리가 건강하지 못하면 무슨 일이 생길까요?

요사이 며칠 동안, 도훈이는 밤늦게까지 동화책을 보다가 늦잠을 자서 아침에 허둥대는 때가 많았습니다.

양호 선생님의 정성어린 보살핌으로 도훈이는 겨우 눈을 떴습니다. 소식을 듣고 놀라서 학교에 오신 어머니께서 담임 선생님과 이야기를 나누고 계셨습니다.

"선생님, 도훈이를 병원에 데려가 진찰을 받아 보게 하려는데 조퇴를 해도 되겠습니까?"

"네, 그렇게 하는 것이 좋겠습니다. 도훈이 책가방은 다른 아이 편에 곧 보내겠습니다."

조금 후에 원철이가 책가방을 가지고 왔습니다. 어머니 눈에는 원철이의 튼튼한 팔과 약간 검은 피부가 오늘따라 유난히 돋보였습니다.

"도훈아, 잘 가. 수업이 끝나면 집으로 찾아갈게. 오늘 학교에서 있었던 일도 이야기해 줄께."

"그래, 고마워."

도훈이는 겨우 일어섰습니다. 그리고 어머니의 부축을 받으며 병원으로 갔습니다.

건강이 소중한 이유는 무엇일까요?

　건강이란, 몸에 병이 없고 튼튼하며, 생각이나 마음가짐이 올바른 상태를 말합니다.
　우리가 몸이 건강할 때에는 건강이 소중하다는 사실을 잊고 지내기 쉽습니다. 그러다가 건강을 잃게 되었을 때에 비로소 그 사실을 알고, 건강을 지키지 못한 것을 후회하게 됩니다. 그러므로 우리는 평소에 건강의 소중함을 알고, 건강을 지키기 위해서 꾸준히 노력해야 합니다.
　우리 몸의 건강만이 소중한 것은 아닙니다. 우리의 생각이나 마음도 건강해야 합니다.
　몸이 약한 사람도 마음이 건강하면 몸의 건강을 다시 회복할 수가 있습니다. 그리고 마음이 건강하다면 몸의 약점을 이겨내고 훌륭한 일을 해낼 수가 있습니다.
　그러나 마음이 건강하지 못하면 올바르게 살아가기 어렵습니다. 그뿐만 아니라, 몸의 건강까지도 해치게 되는 경우가 많습니다. 그러므로 건강한 정신과 마음은 우리가 건강하고 행복하게 살아가는 바탕이 된다고 할 수 있습니다.
　"어릴 때의 건강이 평생을 좌우한다."고 합니다. 내가 얼마나 건강한지 살펴보고, 규칙적으로 생활하기, 음식 골고루 먹기, 매일 적당한 운동하기 등 알맞은 계획을 세워서 실천하도록 합시다.
　자신의 건강을 스스로 지키기 위해 꾸준히 노력할 때, 명랑한 생활을 계속할 수 있으며, 우리의 가정도 행복할 수 있습니다.

소요시간	1독		2독		3독	
	분	초	분	초	분	초

지문 기억 및 이해도 측정문제(건강한 생활)

1. 언제 건강하다고 할 수 있는가?
   ① 몸이 건강하면
   ② 마음이 건강하면
   ③ 몸과 마음이 건강하면
   ④ 운동으로 근육질의 몸만 되면
   ⑤ 아름다운 생각만 하면

2. 도훈이가 밤늦게까지 본 책은?
   ① 소설책
   ② 동화책
   ③ 만화책
   ④ 잡지책
   ⑤ 무협지

3. 도훈이의 책가방을 들어준 사람은?
   ① 양호선생님
   ② 담임선생님
   ③ 어머니
   ④ 원철이
   ⑤ 도훈이 자신

4. 건강한 생활을 위해 할 일이 아닌 것은?
   ① 탄탄한 몸을 유지하기 위해 동생과 매일 체력싸움을 한다.
   ② 규칙적으로 생활한다.
   ③ 음식을 골고루 먹는다.
   ④ 매일 적당히 운동을 한다.
   ⑤ 본인이 얼마나 건강한지 수시로 살핀다.

5. 어머니의 눈에 비친 원철이의 첫 모습은?
　① 아이가 왜 이리 검을까?
　② 아이의 팔이 왜 이리 굵을까?
　③ 아이가 참 건강해 보이는구나!
　④ 아이가 참 키가 크구나!
　⑤ 아이가 참 잘 생겼구나!

6. 건전한 신체에 건전한 _____이 깃든다.

7. _____이란, 몸에 병이 없고 튼튼하며, 생각이나 마음가짐이 올바른 상태를 말한다.

8. 몸이 약한 사람도 _____이 건강하면 몸의 건강을 다시 회복할 수 있다.

9. 도훈이가 다음 날 아침 허둥댄 이유는?

10. 어릴 때의 건강이 _____을 좌우한다.

소요시간		1분당 읽은 글자수	이 해 도	1분당 독서능력
분	초			

우리 학교

우리들이 입학한 지 어느덧 4년이 다 되어 갑니다. 우리는 학교에서 어떻게 생활하고 있습니까?

학교를 사랑하며 자랑스럽게 여기고 있습니까?

학교는 우리에게 무엇을 해 주는지 알아봅시다. 그리고 보람찬 학교 생활을 하기 위해서 우리는 어떻게 해야 하는지 생각해 봅시다.

우리들의 학교생활

학교는 어린 우리들을 가르치고 깨우쳐서, 착하고, 슬기롭고, 씩씩하게 자라도록 이끌어 주는 곳입니다. 우리는 가정에서 배우기 어려운 것들을 학교에서 배울 수 있습니다. 우리는 학교에서 공부하고 운동도 합니다. 노래를 부르며 그림도 그립니다.

또, 여러 사람들과 더불어 생활하면서 서로 도우며 살아가는 방법을 배웁니다. 단체 생활을 통해서 우리가 지켜야 할 규칙을 익히며, 국민으로서의 권리와 의무를 배워서 알게 됩니다. 우리는 선생님들과 친구들을 통해서 이런 것들을 배웁니다.

선생님께서는 우리를 보살펴 주십니다. 여러 가지 것들을 가르쳐 주시고, 우리가 어려운 일을 당했을 때에는 부모님처럼 돌보아 주십니다.

선생님께서는 때로 우리에게 엄하게 대하시기도 합니다. 우리가 똑같은 잘못을 되풀이하거나 거짓말을 했을 때, 선생님께서는 꾸짖고 벌을 주시기도 합니다. 그러나 그것은 우리를 사랑하고, 우리를 올바른 길로 이끌어 주시려는 마음에서 나온 것입니다.

또, 우리는 학교에서 많은 친구들과 함께 생활합니다. 서로 다투거나 싸우기도 하지만, 곧 반성하고 친해져서 사이좋게 놉니다.

우리들의 학교 생활은 가정 생활과 비슷합니다. 우리가 태어나서 보살

픔을 받으며 살아가는 가정은 무척 소중하고 고마운 곳입니다. 마찬가지로, 우리에게 희망과 꿈을 심어 주고 우리를 가르쳐서 훌륭한 사람으로 자라도록 도와주는 학교도 무척 소중하고 고마운 곳입니다. 그래서 학교를 '제2의 가정'이라고 부르기도 합니다.

소요시간	1독	2독	3독
	분 초	분 초	분 초

지문 기억 및 이해도 측정문제(우리학교)

1. 학교에서 하는 일이 아닌 것은?
   ① 공부하기
   ② 운동하기
   ③ 노래부르기
   ④ 싸움하기
   ⑤ 그림 그리기

2. 학교에서 선생님의 역할이 아닌 것은?
   ① 우리를 보살펴 주심
   ② 여러 가지 것들을 가르쳐 주심.
   ③ 어려운 일 당할 때 부모님처럼 돌보아 주심
   ④ 때로는 엄하게 대하심
   ⑤ 우리의 잘못에 대하여 관대한 사랑으로 무조건 덮어 주심

3. 선생님께서 때로는 우리를 꾸짖고 벌주시는 이유가 아닌 것은?
   ① 우리가 똑같은 잘못을 되풀이하지 않게 하기 위해서
   ② 우리가 똑같은 거짓말을 되풀이하지 않게 하기 위해서
   ③ 우리의 잘못에 대하여 미운 감정이 들어서
   ④ 우리를 사랑하시기에
   ⑤ 우리를 올바른 길로 이끌어 주시려는 마음에서

4. 학교에 대한 설명이 아닌 것은?
   ① 여러 사람들과 더불어 생활한다.
   ② 서로 도우며 살아가는 방법을 배운다.
   ③ 단체생활을 통하여 규칙을 배운다.
   ④ 국민으로서의 권리와 의무를 배운다.
   ⑤ 소수의 사람들과 깊은 관계를 맺고 생활한다.

5. 선생님이 학생들을 대할 때는 어떻게 해야할까?
   ① 모든 학생들에게 공평하게 대한다.
   ② 평상시에 착한 학생의 잘못은 덮어 준다.
   ③ 평상시에 잘못이 많은 학생의 잘못은 더 크게 야단친다.
   ④ 선물을 많이 가져다 준 학생을 더 이뻐한다.
   ⑤ 가르치는 것과 학생들은 별개로 생각한다.

6. _____는 우리들을 가르치고 깨우쳐서, 착하고, 슬기롭고, 씩씩하게 자라도록 이끌어 주는 곳이다.

7. 단체생활을 통해서 우리가 지켜야 할 _____을 익히며, 국민으로서의 권리와 _____를 배워서 알게 하는 것이 학교이다.

8. 우리의 학교생활은 ____생활과 비슷하다.

9. 우리가 태어나서 보살핌을 받으며 살아가는 _____은 무척 소중하고 고마운 곳이다.

소요시간	1분당 읽은 글자수	이 해 도	1분당 독서능력
분 초			

바른 회의 태도

나만의 문제가 아니라 우리 모두의 문제가 있을 때, 우리는 서로 의견을 나누면서 어려움을 해결해 나갑니다.

그 때였습니다. 자리에 앉아 있던 은영이가 손을 들고 발언권을 얻어 말했습니다.

"저는 교탁보를 샀으면 합니다. 오래 써서 낡고 해어졌습니다. 이번 기회에 교탁보를 새로 마련하면 좋겠습니다. 그리고 여자아이들은 축구공을 가지고 놀 수도 없고, 또 남자아이들도 모두 다 함께 가지고 놀지 못합니다."

은영이가 말을 마치고 제자리에 앉아, 아이들은 일제히 윤식이 쪽을 바라보았습니다. 윤식이가 씩씩거리고 앉아 있었습니다.

"야, 송은영! 내 의견에 반대하는 거야?"

윤식이는 앉은 채로 말했고, 은영이는 여기에 대꾸하지 않고 조용히 앉아 있었습니다.

"지금은 우리 반의 전체 의견을 모으는 학급회의 시간입니다. 그런데 이런 시간에, 앉아서 그것도 반말로 자기 의견을 내세우는 일은 옳지 않다고 생각합니다."

때를 맞춰서 의장이 말했고, 우리는 각자 찬성하는 의견에 대해 손을 들었습니다. 교탁보를 사자는 은영이의 의견에 찬성하는 사람이 가장 많습니다.

축구공을 사자는 것도 의견으로 받아들여졌지만, 손을 든 사람은 윤식이와 몇 명뿐이었습니다.

남의 의견을 존중해야 하는 까닭

　사람들은 여럿이 함께 해결해야 할 문제에 대하여 의견이 서로 다를 수 있습니다. 중요하다고 생각하는 점이 제각기 다르기 때문입니다. 우리는 다양한 의견들을 바르고 좋은 하나의 의견으로 모으기 위해서 토론이나 의논을 합니다.
　토론하거나 의논할 때에는 좋은 의견을 제시하기 위하여 많은 생각을 해야 합니다. 여러 가지로 생각해 보고, 가장 좋다고 생각되는 의견을 발표합니다. 그리고 그렇게 생각하는 까닭도 친구들에게 설명할 수 있어야 합니다. 자기에게 이익이 되는 의견이 아니라, 친구들 모두에게 도움이 되는 의견이어야 합니다.
　남의 의견을 잘 듣지도 않고 무시하며 자기 의견만 주장한다면, 좋은 해결 방안이 나올 수 없습니다. 그리고 서로 다툰 나머지 사이가 멀어지기도 합니다.
　우리는 남의 의견도 존중하고 귀담아 들어 자기 생각을 넓혀 가야만 합니다. 나와 다른 의견을 가진 사람의 입장도 생각해 보고, 많은 사람들이 찬성하는 의견은 무엇인가 알아보아야 합니다. 나의 의견보다 좋다고 생각되는 의견이 나오면 그에 따르는 것이 토론이나 의논을 할 때에 가져야 할 바른 태도입니다.
　남의 의견을 잘 듣고 서로 존중하는 것은 다른 사람의 인격을 존중하는 것이기도 합니다. 나의 인격이 소중한 만큼 다른 사람의 인격도 소중합니다. 내가 다른 사람의 인격을 존중할 때에 다른 사람도 나의 인격을 존중하게 될 것입니다.

소요시간	1독		2독		3독	
	분	초	분	초	분	초

지문 기억 및 이해도 측정문제(바른 회의 태도)

1. 나의 의견과 친구의 의견이 다를 때, 어떻게 해야 할까?
   ① 남의 의견을 잘 듣지 않는다.
   ② 남의 의견을 무시한다.
   ③ 자기의 의견이 통과할 수 있도록 계속 주장한다.
   ④ 다른 의견을 낸 친구와 다툰다.
   ⑤ 다른 사람의 의견도 존중한다.

2. 나의 의견과 친구의 의견이 다를 때, 나의 자세가 아닌 것은?
   ① 나와 다른 의견을 가진 사람의 입장도 생각해 본다.
   ② 많은 사람들이 찬성하는 의견은 무엇인가 알아본다.
   ③ 나의 의견이 옳다는 것을 끝까지 설득한다.
   ④ 남의 의견보다 좋은 의견이 나오면 그에 따른다.
   ⑤ 남의 의견도 잘 듣고 존중한다.

3. 앞글에서 은영이가 교탁보를 사자고 의견을 낸 이유가 아닌 것은?
   ① 오래 써서
   ② 낡고 해어져서
   ③ 여학생들은 축구공을 가지고 놀 수가 없어서
   ④ 평상시에 윤식이와 경쟁상대라서
   ⑤ 남학생들도 모두 다 함께 놀지 못하므로

4. 축구공을 사자는 윤식이의 의견 결과는?
   ① 아무도 찬성이 없다.
   ② 윤식이 혼자만 찬성하였다
   ③ 윤식이와 몇 명이 찬성했다.
   ④ 남학생들만 찬성했다.
   ⑤ 전원 찬성했다.

5. 윤식이의 의견 발표 시 문제점은?(두 가지)
   ① 앉아서 얘기했다.
   ② 너무 큰 소리로 얘기했다.
   ③ 반말로 얘기했다.
   ④ 옆 사람과 장난치며 얘기했다.
   ⑤ 낄낄대며 얘기했다.

6. 우리의 의견이 제각기 다른 이유는?

7. 다양한 의견들을 바르고 좋은 하나의 의견으로 모으기 위하여
   _____이나 의논을 한다.

8. 회의 시간에 앞에서 진행하는 사람을 무엇이라고 하는가?

9. 남의 의견을 잘 듣고 서로 존중하는 것은 다른 사람의 _____을 존중하는 것이기도 하다.

소요시간	1분당 읽은 글자수	이 해 도	1분당 독서능력
분 초			

그림자 관찰하기

● 물체의 위치에 따라 그림자의 크기는 어떻게 변할까?

1. 실험 장치 꾸미기
   (1) 전구, 물체, 막을 준비한다.
   (2) 차례로 놓기 : 물체를 가운데에 놓는다.
   (3) 그림자의 크기 조절하기 : 물체를 움직인다.

2. 그림자 관찰하기

움직임	그림자의 크기
물체 → 전구	커진다
물체 → 막	작아진다
전구 → 물체	커진다
막 → 물체	작아진다

3. 그림자의 크기가 변하는 까닭
   • 빛은 항상 곧게 나아가기 때문이다. : 빛의 직진

● 바늘 구멍 사진기에 생기는 상은 어떤 모양인지 알아보자

1. 바늘 구멍 사진기 만들기
   (1) 펼친 그림 그리기 : 검고 두꺼운 종이에 그리기
   (2) 펼친 그림 대로 사각 기둥 만들기
   (3) 속 상자 만들기(약간 작게) : 간유리 붙이기
   (4) 겉 상자 구멍 뚫기, 속 상자 끼우기

2. 바늘 구멍 사진기에 생긴 상 관찰
   (1) 조명 장치 설치
   (2) 검은 종이 붙이기
   (3) 관찰 결과 : 상이 거꾸로 보인다.
                위 아래, 좌우가 각각 반대이다.
                상의 모양은 실제와 같다.

3. 속 상자를 움직일 때 상의 크기 변화
   - 바늘 구멍에 가까울 때 : 점점 작아진다.
   - 바늘 구멍에서 멀어질 때 : 점점 커진다.

4. 상의 크기가 변하는 까닭 : 빛의 직진 현상

● 거울에 비춘 빛은 어떻게 되는지 알아보자.
1. 빛이 반사하는 것을 볼 수 있는 현상
   - 맑은 호수에 비친 산 그림자
   - 유리 조각의 반짝임
   - 자동차의 백미러
   - 거울에 비친 여러 가지 물체의 모양 등

2. 손전등을 거울에 비추기
   - 빛이 거울에서 방향이 바뀌어 나아간다.

3. 거울로 햇빛을 반사시키기

거울의 방향	반사되는 빛의 방향
오른쪽	오른쪽으로 움직인다.
왼쪽	왼쪽으로 움직인다.
위쪽	위쪽으로 움직인다.
아래쪽	아래쪽으로 움직인다.

● 빛이 거울에서 반사되어 나아가는 길을 알아보자.

1. 실험 장치 꾸미기
(1) 스테인레스 거울을 나무 도막에 고정시키기
(2) 나무 도막에 각도기 붙이기
(3) 판의 기울기 조절하기

2. 각의 크기 재기
(1) 햇빛이 각도기의 중심에 닿도록 맞추기
(2) 들어온 빛과 거울 사이의 각도 재기
(3) 반사된 빛과 거울 사이의 각도 재기
(4) 두 각의 크기 비교 : 서로 같다.

3. 거울의 방향이 다를 때의 각의 크기

들어온 빛과 거울의 각	반사된 빛과 거울의 각
크다	크다
작다	작다

소요시간	1독		2독		3독	
	분	초	분	초	분	초

지문 기억 및 이해도 측정문제(그림자 관찰하기)

1. 빛의 반사와 관계가 먼 것은 어느 것인가?
    ① 잔잔한 강물에 비친 경치
    ② 거울에 비친 나의 모습
    ③ 자동차의 백미러에 비친 모습
    ④ 비 온 뒤의 무지개

2. 햇빛이 거울에 닿으면 어떻게 되는가?
    ① 직진하다.
    ② 반사한다.
    ③ 굴절한다.
    ④ 나아가지 못한다.

3. 거울로 햇빛을 반사시킬 때 거울을 왼쪽으로 움직이면 반사되는 빛은 어느 쪽으로 움직이는가?
    ① 왼쪽
    ② 오른쪽
    ③ 위쪽
    ④ 아래쪽

4. 손전등을 거울에 비추어 보았다. 거울에 비춘 빛은 어떻게 되는가?
    ① 직진한다.
    ② 반사한다.
    ③ 굴절한다.
    ④ 나아가지 못한다.

5. 그림자의 크기가 변하는 까닭은?

6. 그림자의 크기를 크게 하는 방법은?

7. 그림자의 크기를 작게 하는 방법은?

8. 빛이 반사하는 것을 볼 수 있는 현상은?

9. 바늘 구멍사진기에 생긴 상의 모양을 기술하라.

10. 속상자를 움직일 때 상의 크기 변화를 적으시오.

11. 손전등을 거울에 비출 때 빛의 상태 변화에 대해서 쓰시오.

12. 빛을 반사하는 예를 드시오.

소요시간	1분당 읽은 글자수	이 해 도	1분당 독서능력
분 초			

빗물은 어디로 가는가

1. 축축한 땅 파 보기
   - 축축하게 젖어 있다.
   - 빗물이 스며들었다.
   - 땅 속에서 솟아 나오는 물 : 빗물이 스며든 것이다.

2. 빗물이 흘러가는 과정

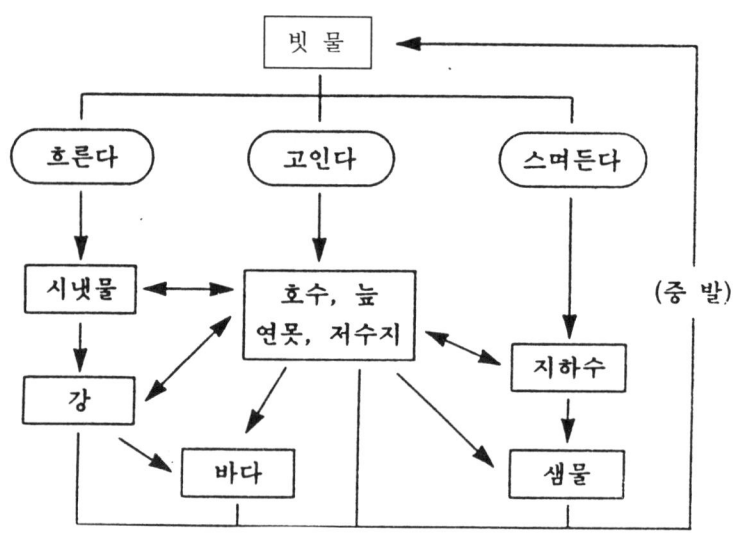

● 흐르는 물이 지면을 어떻게 변화시키는지 알아보자
1. 유수대에서 물이 흘러간 자국 살펴보기
   - 상류 : 물길이 좁고 깊게 파였으며 돌과 자갈이 많이 남아 있다.
   - 하류 : 물길이 넓고 운반된 흙과 모래가 쌓였다.

2. 붓는 물의 양을 달리하며 흙의 표면 살펴보기

물의 양	씻겨 내려가는 흙·모래	물길	파인 정도
많을 때	양이 많다	넓다	깊다
적을 때	양이 적다	좁다	얕다

3. 흐르는 물에 의한 지면의 변화
- 침식 작용 : 지표면을 깎는다.
- 운반 작용 : 흙이나 모래를 운반한다.
- 퇴적 작용 : 흙이나 모래를 쌓는다.

● 산골짜기와 넓은 들에서 물이 어떻게 흐르는지 알아보자.

1. 산골짜기와 넓은 들을 흐르는 물의 특징 비교

구 분	산 골 짜 기	넓 은 들
흐르는 모양	• 물의 양이 적다. • 흐름이 빠르다. • 가장자리가 드러나 있다. • 낭떠러지에서는 폭포가 되어 떨어진다.	• 물의 양이 많다. • 흐름이 느리다. • 넓게 흐른다. • 모래와 흙을 쌓는다.
냇바닥에 쌓인 물질	• 패인 곳이 많다. • 굵은 모래와 자갈이 쌓여 있다.	• 진흙이나 고운 모래가 쌓여 있다.
냇바닥의 돌	• 모난 돌이 많다.	• 둥글고 잔 자갈이 많다.

● 굽이쳐 흐르는 냇가의 가장자리 모양을 알아보자.

1. 굽이쳐 흐르는 내의 모양
 (1) 안쪽
  • 물의 흐름이 느리다.
  • 모래나 자갈이 쌓여 있다.(퇴적 작용)
  • 물이 얕다.

 (2) 바깥쪽
  • 물의 흐름이 빠르다.
  • 냇바닥을 깍아 모래나
    흙을 운반해 간다.(침식 작용)
  • 절벽처럼 되어 있다.
  • 물이 깊다.

소요시간	1독		2독		3독	
	분	초	분	초	분	초

지문 기억 및 이해도 측정문제(빗물은 어디로 가는가)

※ 널빤지에 흙, 모래, 자갈을 조금씩 놓은 다음 흐르는 물에 살며시 담가 보자. (1 ~ 3)

1. 가장 잘 씻겨 내려가는 것은 어느 것인가?
   ① 흙
   ② 모래
   ③ 자갈
   ④ 모두 같다.

2. 위 실험에서 씻겨 내려가는 차이가 나는 까닭은 무엇의 차이 때문인가?
   ① 알갱이의 양
   ② 알갱이의 무게
   ③ 알갱이의 성분
   ④ 알갱이의 단단한 정도

3. 물의 흐름이 아주 빠른 곳에서 위의 실험을 하면 어떻게 되는가?
   ① 흙만 조금 떠내려간다.
   ② 흙과 모래가 떠내려간다.
   ③ 흙, 모래, 자갈이 모두 떠내려간다.
   ④ 흙, 모래, 자갈이 모두 떠내려가지 않는다.

4. 홍수가 났을 때 냇물이나 강물의 양과 빠르기는 어떠하겠는가?
   ① 적고 느리다.
   ② 적고 빠르다
   ③ 많고 느리다
   ④ 많고 빠르다.

5. 빗물은 어디로 흘러가는가?

6. 유수대의 상류는 어떠한 변화가 있는가?

7. 유수대에 물을 많이 하면 어떠한 변화가 생기는가?

8. 굽이쳐 흐르는 냇가의 가장자리 모양은 어떠한가?

9. 산골짜기의 넓은 들을 흐르는 물의 특징을 비교하라.

10. 상류지방와 하류지방에 있는 냇바닥의 돌을 서로 비교하여라.

소요시간		1분당 읽은 글자수	이 해 도	1분당 독서능력
분	초			

여러 가지 물질

● **여러 가지 가루 물질을 관찰하여 보자.**

1. **관찰 계획 세우기**
   - 가루 물질 준비하기 : 샬레에 조금씩 담고 이름 쓰기
   - 관찰 방법 토의 : 감각 기관 이용(눈, 코, 입, 귀, 손)
   - 관찰 결과의 정리 방법 협의하기

2. **관찰 내용**
   - 색깔, 모양, 크기, 촉감을 알아본다.
   - 소금, 설탕, 밀가루, 탄산수소나트륨의 성질 비교

	색 깔	모 양	크 기	촉 감
소 금	흰 색	주사위 모양	가장 굵다.	거칠다. 반짝인다.
설 탕	흰 색	길쭉한 모양	소금보다 작다.	거칠다. 가장 반짝인다.
밀 가 루	흰 색	모양을 구분 못함.	아주 작다.	부드럽다.
탄산수소 나트륨	흰 색	모양을 구분 못함.	아주 작다.	부드럽다.

3. **결과로 알게 된 사실(정리)**
   - 가루 물질은 서로 다른 성질을 가지고 있다.

● 가루 물질을 가열할 때의 변화를 알아보자.
1. 실험 계획
- 4가지 가루 물질을 준비한다.
- 가열 장치를 꾸민다.(알코올 램프, 증발접시, 삼발이, 석면망, 성냥)
- 증발 접시에 가루 물질을 조금씩 넣고 가열한다.
- 가열에 의한 가루 물질의 변화를 차례대로 관찰 비교한다.

2. 가열했을 때의 변화

물질 이름	가열했을 때
소 금	• 녹지 않는다.　• 탁탁 튄다.　• 타지 않는다.
탄산수소나트륨	• 녹지 않는다.　• 타지 않는다.
설 탕	• 캐러멜 냄새가 난다.　• 녹는다. • 갈색으로 변하다 검게 된다.
밀 가 루	• 과자 타는 냄새가 난다. • 갈색으로 변하다 검게 된다.

3. 알코올 램프의 불끄기
- 뚜껑으로 덮어서 끈다. 절대로 입으로 불지 않는다.

● 가루 물질을 물에 넣으면 어떻게 될까?
1. 가루를 물에 넣었을 때 일어나는 변화

	관 찰 내 용 (일어나는 변화)
소 금	물에 잘 녹으며 투명해진다.
설 탕	물에 잘 녹으며 투명해진다.
탄산수소나트륨	약간의 거품을 내면서 천천히 녹아 투명해진다.
밀 가 루	물이 뿌옇게 흐려지다가 놓아두면 가라앉는다.

2. 물에 잘 녹는 물질
    소금, 설탕, 탄산수소나트륨

3. 물에 녹지 않는 물질
    밀가루

4. 실험 결과로 알게 된 사실(정리)
    가루 물질의 물에 대한 성질은 같은 점도 있고 다른 점도 있다.

● 요오드 팅크로 가루 물질을 확인하여 보자
1. 실험 계획
    • 4가지 가루 물질을 각각 샬레에 담는다.
    • 요오드 팅크를 각 가루 물질에 한두 방울 떨어뜨린다.
    • 물이 든 시험관에 가루 물질을 넣고 흔든 다음 요오드 팅크를 떨어뜨린다.

2. 요오드 팅크에 의한 물질의 반응
    • 가루 물질
    ㉠ 밀가루 : 청자색으로 변함.
    ㉡ 설탕, 소금, 탄산수소나트륨 : 요오드 팅크의 노란색 물이 들고 변화 없슴.

    • 시험관 속의 물질
    : 밀가루를 넣은 시험관에서 청자색의 변화가 일어남.

3. 알게 된 사실(정리)
    • 밀가루는 물 속에서도 성질이 변하지 않는다.

소요시간	1독		2독		3독	
	분	초	분	초	분	초

지문 기억 및 이해도 측정문제(여러가지 물질)

1. 가루 물질을 물에 넣었을 때 다음과 같은 변화를 보이는 것은?

   - 약간의 거품을 내면서 물에 천천히 녹는다.
   - 가루 물질은 보이지 않고 투명하다.

   ① 소금
   ② 설탕
   ③ 밀가루
   ④ 탄산수소나트륨

2. 물에 녹지 않는 가루 물질을 물에 넣었을 때 나타나는 현상은?

3. 다음 (   )안에 알맞은 말을 써라.

   비커에 가루를 넣을 때 가루가 서로 섞이지 않도록 서로 다른 (   )을 사용하고 저을 때도 서로 다른 (   )을 사용해야 한다.

4. 가열하였을 때 다음과 같은 변화를 보이는 물질은 어느 것인가?

   - 캐러멜 냄새가 나며 녹는다.
   - 갈색으로 변하다가 검게 된다.

   ① 밀가루
   ② 탄산수소나트륨
   ③ 설탕
   ④ 소금

5. 소금의 색깔은?

6. 밀가루의 모양은?

7. 소금이 물에 녹을 때의 색상은?

8. 밀가루는 물에 녹는가?

9. 관찰하는 방법에 대해서 논의해 보라.

10. 알코올 램프의 불을 끄는 방법은 어떠한가?

소요시간		1분당 읽은 글자수	이 해 도	1분당 독서능력
분	초			